भवभूति

के महाकाव्य

उत्तररामचरित
महावीरचरित
मालतीमाधव

प्रो. रत्नाकर नराले

Pustak Bharati, Toronto, Canada

Author :

Dr. Ratnakar Narale

Ph.D(IIT), Ph.D(Kalidas Sanskrit Univ.);
Prof. Hindi, Ryerson University, Toronto, Canada
web : www.pustak-bharati-canada.com
email : pustak.bharati.canada@gmail.com

Book Title : भवभूति के महाकाव्य

संस्कृत महाकवि भवभूति के उत्तररामचरित, महावीरचरित और मालतीमाधव महाकाव्यों पर आधारित रत्नाकर की दोहाबद्ध काव्यमय प्रस्तुति.

Published by :

PUSTAK BHARATI (Books India)
  Division of PC PLUS Ltd.
  Toronto, Ontario, Canada, M2R 3E4
  email : rnarale@yahoo.ca

ISBN 978-1-989416-20-4
90000

9 781989 416204

भवभूति महाकाव्य
विषय सूची

१. उत्तररामचरित महाकाव्य

२. महावीरचरित महाकाव्य

३. मालती माधव महाकाव्य

आदिनाथ श्री गणेश वंदना

 भवभूति महाकाव्य गीतमाला, पुष्प 1

राग रत्नाकर, कहरवा ताल 8 मात्रा

स्थायी

आदि नाथ, आदि नाथ, आदि नाथ मेरा ।

सुख कारी, दुख हारी, शुभ बहुतेरा ।।

प–प प–प, प–प प–प, प–म प–म ग–म–

पप– मग–, मम– गसा–, सासा– गग म–ग–

अंतरा–1

साधु संत, ज्ञानवंत, करे तेरी पूजा,

तेरे जैसा दाता कोई और नहीं दूजा ।

करें ध्यान, करें मान, करें गान तेरा,

आदि नाथ, आदि नाथ, आदि नाथ मेरा ।।

सा–सा रे–रे, ग–गम–म, पप– मग– रे–ग–

मम– पप– मम– गग– म–ग रेग– म–प–

पप– प–प, पप– प–प, पम– प–म ग–म–

प–प म–ग, म–म गसा–, सा–सा ग–ग म–ग–

अंतरा–2

वक्र तुंड, एक दंत, छवि तेरी प्यारी,

देवे ऋद्धि, देवे सिद्धि, देवे बुद्धि न्यारी ।

तुही राम, तूही श्याम, तूही प्राण मेरा,

आदि नाथ, आदि नाथ, आदि नाथ मेरा ।।

अंतरा–3

तू अनंत, तू दिगंत, मूर्तिमंत धाता,

तू ही बंधु, तू ही ताता, तू ही मेरी माता ।

तूही रम्य, तूही गम्य, तू अनन्य देवा!

आदि नाथ, आदि नाथ, आदि नाथ मेरा ।।

स्वरदा देवी सरस्वती वंदना

भवभूति महाकाव्य गीतमाला, पुष्प 2

राग देस, कहरवा ताल 8 मात्रा

वीणा की झनकार

स्थायी

झनन झन वीणा की झनकार,
हटाए भगतन का मनभार ।

ममगरे गसा रे–म– प– धनिध–प–
पगरेगसा रेरेमम प– धनिध–प–

अंतरा–1

मंगल सुंदर गान तिहारे, आकर दो दीदार ।
नयनन प्यासे प्यास बुझावे, पावन रूप तिहार ।।

म–मप नि–निनि सां–सां सांरेंनिसां–
नि–निनि धम धपप – – प
पपरेंरें रें–रेंसां रेंगंरें गंनि–सां–
नि–निनि सांनिसां रेंनिधप

अंतरा–2

ज्ञान की देवी दान कला का, परम तेरा उपकार ।
रूप सलोना हाथ में वीणा, शारद नाम तिहार ।।

अंतरा–3

जीवन ये संगीत सुहाना, गीत करो साकार ।
माँ! ममता का दीप जगाके, दूर करो अंधकार ।।

नमोऽस्तुते

दोहा॰

नमन करूँ परमातमा, परम ब्रह्म भगवान ।
गायत्री की वन्दना, मस्तक टेक प्रणाम ।। 1

♫ सासासा रेग- रेगम-गम-, पपप म-ग रेगम-म ।
ग-गम- ग- म-गरे-, सा-सासा रे-ग रेसा-सा ।।

पुरुष-प्रकृति को मेरा, साष्टांग नमस्कार ।
भोले शंकर पार्वती! करिए मम उद्धार ।। 2

लक्ष्मी नारायण प्रभो! शेषशायी भगवान ।
पद्मनाभ लक्ष्मीश के, गाऊँ कीर्तन गान ।। 3

शिवनंदन श्री गणपति, गणेश श्री गणनाथ ।
सरस्वती माँ शारदे! जोड़ूँ दोनों हाथ ।। 4

जनक नंदिनी जानकी, दशरथ सुत रघुनाथ ।
मनहर राधा कृष्ण को, नमन दय के साथ ।। 5

अर्जुन, भीम प्रवीर को, और युधिष्ठिर भ्रात ।
यशोदा-नंदनंदिनी! प्रणाम तुमको, मात! ।। 6

विश्ववृक्ष अश्वत्थ तू, अद्भुत दैवी रूप ।
विश्वरूप श्रीकृष्ण जी! पूजूँ मैं, सुरभूप! ।। 7

देव-देवता सर्व ही, गुरुजन जितने ज्ञात ।
मात-पिता मम पूज्य के, चरणन में प्रणिपात ।। 8

नमो नमः प्रभु इंद्र को, वरुण देव! सम्मान ।
धन्य कियो पितु मातु को, राम भक्त हनुमान ।। 9

वन्दे पावक-देवता, अंतरिक्ष आकाश ।
धरती जगमाता तथा, नवग्रह दिव्य प्रकाश ।। 10

पँच भूत को धीमहि, तीन गुणों को और ।
सर्व भूतगण भूमि के, वनस्पति सब ओर ।। 11

गिरि सरिता सागर मही, नमामि तन मन जोड़ ।
सूर्य चंद्र तारे सभी, बिना किसी को छोड़ ।। 12

उपनिषदों को ध्याऊँ मैं, वैदिक ज्ञान प्रमाण ।
देवर्षि नारद मुनि, त्रिभुवन में रममाण ।। 13

तीन-मुखी गुरु दत्त श्री, सुर सेनापति स्कंद ।
सुभक्त ध्रुव प्रह्लाद को, स्मरण करूँ सह छंद ।। 14

गुरु पाणिनि पातंजलि, दीन्हा मुझको ज्ञान ।
यास्क पिंगल से मुझे, मिला छंद अभिधान ।। 15

व्यास बाल्मीक मम गुरो! तुम्हीं सच्चिदानंद ।
काव्य ज्ञान के स्त्रोत हैं, तुलसी रामानंद ।। 16

जय भारत संतान वे, शिवा प्रताप महान ।
लक्ष्मी के बलिदान ने, दिया हमें अभिमान ।। 17

आदि शंकराचार्य श्री, नमन वल्लभाचार्य ।
रामानुज माधव तथा, यमुना वरदाचार्य! ।। 18

मीरा ने कीर्तन दिए, कविता ब्रह्मानंद ।
भवभूति ने दी कथा, योग विवेकानंद ।। 19

ऋषि-मुनि योगी संत को, हिरदय अपना वार ।
ज्ञानी ध्यानी सकल कों, वन्दन बारंबार ।। 20

कवि लेखक जन सर्व को, सुद जन प्रत्येक ।
मिली है जिनसे प्रेरणा, वन्दन घुटने टेक ।। 21

।। हरि ॐ तत् सत् ।।

भवभूति पर आधारित
दोहा छंद में संगीमय प्रस्तुति

१

रत्नाकरकृत
उत्तररामचरित

उत्तररामचरित पात्र परिचय

1. अंगद = बाली और तारा के पुत्र
2. अगस्त्य मुनि = दंडक वन में श्रीराम के उपदेशकार महामुनि
3. अयोध्या = अवधपुरी, सरयु के तट पर बसी रघुकुल की राजधानी
4. अष्टावक्र = एक अद्वितीय तत्त्ववेत्ता
5. आत्रेयी = अत्री मुनि की पत्नी अनसूया
6. इन्द्र = देव लोक के राजा. आदित्य
7. कुश = सीता का पुत्र
8. कैकेयी = राजा दशरथ की पटरानी, भरत की माता
9. कौशल्या = श्रीराम की माता, दशरथ की मुख्य रानी
10. गोदावरी देवी = दक्षिणगंगा
11. गौरी = पार्वती, शिवपत्नी
12. चंद्रकेतु = लक्ष्मण का पुत्र
13. जटायु = खगमानव, संपाति का भाई, दशरथ सेवक
14. जामवत् = सुग्रीव की कपि सेना में मंत्री
15. ताड़का = ताटका, राक्षसी
16. तारा = बाली की पत्नी, किष्किंधा की रानी
17. दशरथ = रघुकुलपति. श्रीराम के पिता
18. दुर्मुख = रामराज्य का मंत्री
19. नंदिग्राम = भरत की राजधानी
20. नल = सुग्रीव की कपि सेना में मंत्री
21. नारद = देवर्षि, महामुनि
22. नील = सुग्रीव की कपि सेना में मंत्री
23. पंचवटी = दंडक वन में श्रीराम का निवास स्थान

24. भरत = श्रीराम के **बंधु**, भरत कुमार, केकेयी पुत्र

25. मंथरा = कुब्जा, कैकेयी की दासी

26. राम = श्रीराम, अवधेश, राघव, रघुनाथ

27. रावण = लंकापति, विश्रवस का **बेटा**, विभीषण और कुम्भकर्ण
   का भाई

28. लक्ष्मण = लछमन, श्रीराम के परम **बंधु**, सुमित्रानंदन

29. लव = सीता का पुत्र

30. वसिष्ठ = श्रीराम के कुलगुरु

31. वाल्मिकि = महामुनि, श्लोक छंद के प्रणेता

32. वासंती = दंडक वन की वनदेवी

33. विभीषण = रावण के सदाचारी **बंधु**

34. विश्वामित्र = श्रीराम के गुरु

35. शंकर = शिवजी, पार्वती पति, कैलासपति

36. शत्रुघ्न = श्रीराम के **बंधु**, कैकेयी के पुत्र

37. शंबर = कश्यप का पुत्र, दैत्य

38. सरयु = हिमालय से निकली हुई गंगा से मिलने वाली नदी.

39. सीता = जानकी, वैदेही, जनक कन्या

40. सुग्रीव = बाली के भाई. ऋष्यमूक के कपिराज

41. सुबाहु = ताडका राक्षसी का पुत्र, मारीची का भाई

42. सुमित्रा = लक्ष्मण की माता

43. सुषेण = लक्ष्मण को संजीवन **बूटी** देने वाले वैद्यराज

44. सूर्यवंश = इक्ष्वाकु का राजवंश

45. हनुमान = हनुमत, रामदास, अंजनीपुत्र

Sri Radha Krishna Temple

(The Canadian Hindu Mission Centre Scarborough)

1960 Ellesmere Road Unit 9 Scarborough ON M1H 2V9 Tel:416-431-3311

संगीताचार्य सम्मान

श्री राधाकृष्ण मंदिर, स्कारबरो, कनाडा द्वारा

प्रो. रत्नाकर नराले

को गीत-संगीत में उच्च कोटि की उपलब्धि के लिए
संगीताचार्य सम्मान प्रदान किया जाता है.

(Amar Batish)	(Manohar Sharma)	(Inder Kapila)
President	Secretary	Treasurer

आमुख

(रत्नाकर उवाच)

बुद्धिहीन को बुद्धि दे, अंधे को दे आँख ।
ऐसी शिक्षा कौनसी, जिसमें गुण हों लाख ।। 22

संस्कृत शिव साहित्य के, महाकविन के लेख ।
जिनमें अमृत मेल जो, अभिज्ञ पाए देख ।। 23

(भवभूतिरुवाच)

" इदं कविभ्यः पूर्वेभ्यो नमोवाकं प्रशास्महे ।
विन्देम देवतां वाचममृतामात्मनः कलाम् ।।"

अनिर्भिन्नो गभीरत्वादन्तर्गूढघनव्यथः ।
पुटपाकप्रतीकाशो रामस्य करुणो रसः ॥

3:1

आवर्तबुद्बुदतरङ्गमयान्वि कारान् अम्भो यथा ।
सलिलमेव तु तत्समस्तम् ॥"

3:47

(उपोद्घात)

नाटक यह भवभूति का, है करुण रस प्रधान ।
सभी रसों का आश्रयी, करुणा गुप्त प्रमाण ।। 24

सात अंक का नाट्य ये, महाकाव्य कहलाय ।
दो-सौ-छप्पन श्लोक में, उन्नीस छंद सुहाय ।। 25

अनुष्टुप् और शिखरिणी, प्रधान छंद प्रकार ।
उत्प्रेक्षा रूपक नुमा, अठतीस अलंकार ।। 26

ओतप्रोत रस करुण से, नाटक पहली बार ।
रचा काव्य भवभूति ने, विस्मित सब संसार ।। 27

(महाकवि भवभूति)

जिनकी वाणी मे मिला, सरस्वती का प्यार ।
भवभूति वह नाम है, संस्कृत नाटककार ।। 28

पंडित वैदर्भीय थे, नीलकण्ठ के पुत्र ।
जननी जातुकर्णी थी, कश्यप पावन गोत्र ।।29

उत्तररामचरित्र पर, नाटक लेखक नाम ।
भवभूति परमोच्च हैं, शतशत उन्हें प्रणाम ।। 30

(रत्नाकरीय)

भवभूति ने है लिखा, उत्तररामचरित्र ।
रत्नाकर है लिख रहा, वही बखान पवित्र ।। 31

उत्तररामचरित्र ये, भवभूति के बाद ।
ना यह टीका काव्य है, न ही भाषानुवाद ।। 32

श्रृंगारित संगीत में, राग छंद के गान ।
गेय मनोरम प्रस्तुति, दोहा छंद प्रधान ।। 33

(वाल्मिकीय रामायण)

वाल्मिक मुनि ने है भरा, अथाह सागर नीर ।
पी न सके कोई उसे, एक अकेला वीर ।। 34

एक–एक उस बूँद से, निकला अनुपम काव्य ।
जितने वाङ्मय रचयिता, उतनी कृति संभाव्य ।। 35

१. रघुकुल अंक

1.

अयोध्या नगरी

दोहा०

सरयु सरित के नीर से, सिंचित शोभित देश ।
रघुकुल का चिर काल से, कोशल पुण्य प्रदेश ।। 36

सरयु पवित्तर पूज्य है, निर्मल सुमधुर तोय ।
गंगा से जाकर मिली, संगम सुंदर होय ।। 37

अमृत नदिया नीर से, अवध नगर समृद्ध ।
फल-फूलों से थे भरे, घर-घर जन मन शुद्ध ।। 38

(और)

दोहा०

उपवन सुंदर नगर में, मधु फल के उद्यान ।
पंछी रंग बिरंग के, मंजुल गाते गान ।। 39

चौड़े सुथरे मार्ग थे, दीपक दोनों ओर ।
मंदिर मंदिर आरती, ज्यों ही होती भोर ।। 40

सजे सदन थे पंक्ति में, भुट्टे पर ज्यों बीज ।
हर घर में था सुख भरा, कमी न कोई चीज ।। 41

निलय सुमंडित थे सभी, परिसर लगे निसर्ग ।
नगर अयोध्या का कहा, धरती पर है स्वर्ग ।। 42

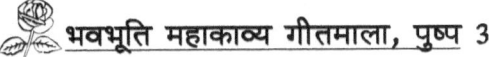 भवभूति महाकाव्य गीतमाला, पुष्प 3

राग रत्नाकर, कहरवा ताल 8 मात्रा

(दशरथ जी की अयोध्या)

स्थायी

लाल पीले फूल खिले, पंछी सुंदर चहक रहे ।
नन्हे मुन्ने सुन कर उनको, भागे-भागे आते हैं ।।

ग-ग प-म- ग-रे गम-, ग-प- ध-पम गगरे गम-
रे-रे- ग-ग- मम मम गगम-, प-ध- प-म- ग-मग रे-

अंतरा-1

रंग बसंती छाया है, बाग में ईश्वर आया है ।
हरा हरा सा बिछा गलीचा, उसका स्वागत करता है ।।

प-म गरे-ग- प-मप ध-, नि-ध प म-मम प-मप ध-
रेग- मग- रे- गप- मग-रे-, गगग- प-पप मगमग रे-

अंतरा-2

मंगल मौसम फूलों का, मंजुल झूला झूलों का ।
जरा जरा सा ठंढा मौसम, तन में सिहरन भरता है ।।

अंतरा-3

मोर पपीहा नाचे रे, कोयल कूहू बोले है ।
हरा हरा सा शावक तोता, मिट्ठू मीया कहता है ।।

(वहाँ)

दोहा॰

अवध पुरी के लोग थे, धन संपद् श्रीमंत ।
सबके मन आनंद था, सब थे सज्जन संत ।। 43

सरल सुहानी नगर की, चौड़ी थी हर बाट ।
सुंदर सुरचित थे सजे, विशाल सुथरे हाट ।। 44

बिखरे थे सब नगर में, फल-फूलों के बाग ।
पवित्र सरिता नीर से, सबके उजले भाग ।। 45

नगरी में गृह थे सजे, सर्व बनाय कतार ।

जैसीं पावन वस्त्र पर, बुनीं ज़री की तार ।। 46

घर-घर सुमन गुलाब के, जवा कुसुम कचनार ।
वनिता पहने मालती, कुमुद चमेली हार ।। 47

कृषि, प्रांगण घर के सभी, उपजाते फल-फूल ।
उज्ज्वल पावन नगरिया, लगी स्वर्ग अनुकूल ।। 48

(अत:)

दोहा॰

पूज्य नदी के नीर से, जनपद जन थे स्वस्थ ।
सबके पूत निरोग थे, सब थे सुखी गृहस्थ ।। 49

वनिता सब व्रतधारिणीं, कन्या सभी सुशील ।
माताएँ थीं देवियाँ, बालक कुशल निखिल ।। 50

प्रसन्न हिरदय थे सभी, कोमल सदय सुजान ।
वेद वाक्य सब वदन में, मंगल स्तुति के गान ।। 51

दशरथ के इस नगर में, सभी सुखी थे लोग ।
चोर लुटेरे थे नहीं, न ही छूत के रोग ।। 52

(इस लिए)

दोहा॰

स्वर्ग तुल्य इस राज्य के, दशरथ नृप थे तात ।
कौशल्या रानी सजी, देवी सम थी मात ।। 53

भू पर दूजी इन्द्र की, नगरी और न कोय ।
राम जनम अधिकारिणी, अवध पुरी शुभ होय ।। 54

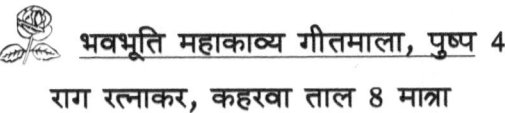

<u>भवभूति महाकाव्य गीतमाला, पुष्प</u> 4

राग रत्नाकर, कहरवा ताल 8 मात्रा

(अवध पुरी)

स्थायी

अवध पुरी जग से न्यारी,
नर सुर ईश्वर की प्यारी

रेरेरे रेग– रेसा रेग रेगम–,
पप पप ध–पम गप मगरे–

अंतरा–1

सरयू नद के तट पर नगरी,
अमृत जल की है गगरी ।

रेगम– पप प– धध धनि धपप–,
प–पप धप म– गप मगरे–

अंतरा–2

मातु प्रेम सम मंगलकारी,
जनपद की प्राण पियारी ।

अंतरा–3

राम-राज्य की नींव सुनहरी,
राम जनम की अधिकारी ।

अंतरा–4

भारत माँ की प्यारी दुलारी,
हम तेरे हैं बलिहारी ।

2.

राजा दशरथ

दोहा॰

दिए वचन को पालना, रघुकुल की थी रीत ।
प्राण जाय पर वचन ना, हार मिले या जीत ।। 55

दशरथ नृप निष्पक्ष थे, न्यायशील गुणवान ।
सूर्यवंश के सूर्य थे, वीर क्षात्र धीमान ।। 56

पक्षपात से थे परे, उनको सभी समान ।
सज्जन की रक्षा करें, शठ को दंड महान ।। 57

नीर क्षीर के भेद में, राजहंस थे आप ।
नृत अनृत विच्छेद में, किया कभी ना पाप ।। 58

उनका सचिव सुमंत्र था, धर्मपाल अरु धीर ।
नव-रत्नों में श्रेष्ठ था, शस्त्र कला में वीर ।। 59

दशरथ नृप की रानियाँ, सुप्रसिद्ध थीं तीन ।
कौशल्या अरु कैकयी, सौम्य सुमित्रा लीन ।। 60

मँझली के रति पाश में, दशरथ थे बेहाल ।
ना जाने वह एक दिन, बन जावेगी काल ।। 61

कौशल्या थी साधवी, सात्त्विक उसका वेश ।
मंगल वाणी से सदा, प्रसन्न करती देश ।। 62

कैकेयी सजती परी, राजकीय श्रृंगार ।
पहने ऊँचे वस्त्र वो, चौदह लाखे हार ।। 63

शाँत-सुमित्रा थी सदा, पूजे अपना नाथ ।
देते आदर सब उसे, सराहना के साथ ।। 64

3.

कैकेयी के दो वर

दोहा०

शंबर कश्यप-पुत्र था, असुर बड़ा बलवान ।
मायावी वह दनुज था, असुरपति तूफान ।। 65

शंबर ने जब इन्द्र को, करी युद्ध ललकार ।
उससे इन्द्र न लड़ सका, आया नेमी-द्वार ।। 66

बोला, मुझे बचाइये, दुष्ट असुर के हाथ ।
सेना लेकर आइए, लड़ने को, जगनाथ! ।। 67

शंबर से जब लड़ पड़े, रण में नृप रघुराज ।
मन पत्नी में था लगा, रथ पर जो थी आज ।। 68

असुरपति के धनुष का, लगा नृपति को तीर ।
जखमी होकर गिर पड़ा, रथ में वह रणवीर ।। 69

(तब, रानी)

दोहा०

रानी रथ को लेगई, रण से थोड़ी दूर ।
आया नृप जब होश में, लड़ने निकला शूर ।। 70

एक साथ लड़ने लगा, दस अयनों में वीर ।
रथ दस ओर भगाइके, छोड़े उसने तीर ।। 71

(मगर)

दोहा०

इधर–उधर रथ भागते, गिरी चक्र की कील ।
रक्षा रानी ने करी, भले गयी वह छील ।। 72

युद्ध जीत कर इंद्र ने, बोला, नेमीराज! ।

'दश' अयन 'रथ' हाँक के, तुम हो 'दशरथ' आज ।। 73

दशरथ बोले दार को, कीन्हे तुम दो काज ।
तुमरे मन में जो प्रिये! माँगो "दो-वर" आज ।। 74

रानी बोली, "अब नहीं, फिर माँगूँगी, नाथ! ।
अवसर जब अनुकूल हो, अरु मौका हो साथ ।। 75

"जो माँगूँगी वो, सखे! देना वह वरदान ।
"ना" मत कहना तुम मुझे, रखना अपना मान" ।। 76

(हाय!)

दोहा॰
मोह प्यार से कैकयी, बनी चहेती आज ।
बांध नाथ को जाल में, करती उस पर राज ।। 77

रथ का संरक्षण किए, कीन्हा दशरथ-काज ।
पति से "दो-वर" माँग कर, कीन्हा वश में आज ।। 78

आज दे रही कैकयी, जिस दशरथ को मान ।
कल "दो-वर" में फाँस कर, लेगी उसकी जान ।। 79

4.
कैकेयी का हठ

दोहा॰
कुब्जा ने जैसे रची, नौटंकी की चाल ।
कैकेयी करती गयी, कमरा माया जाल ।। 80

अस्तव्यस्त भूषण किए, मोती माला तोड़ ।
वस्त्र मलिन तन के किए, कंगन डाले फोड़ ।। 81

शकल बिगाड़ी आप ही, मुख पर काजल पोत ।
लेट गयी वह फर्श पर, हाय! हाय! कर रोत ।। 82

नागिन सी फुत्कारती, रोई बारम्बार ।
नैनन से बहने लगी, नकली अँसुअन धार ।। 83

(दशरथ जी)

दोहा॰

देख तमाशा वो नया, काँपे दशरथ गात ।
मन में व्याकुल होगए, देख नया उत्पात ।। 84

डगमग डगमग काँपते, चलते धीमी चाल ।
आए उसके पास वे, पूछन उसका हाल ।। 85

(नृप ने कहा)

दोहा॰

बोलो मेरी प्रेयसी, बोले दशरथ भूप ।
धारण तुमने क्यों किया, यह दुखियारा रूप ।। 86

किसने दीन्हा कष्ट है, को बोला कटु बोल ।
तुमरे संयम का घड़ा, किसने कीन्हा डोल ।। 87

कैकेयी, मेरी प्रिये! शब्द मधुर अनमोल ।
सुनने मैं व्याकुल खड़ा, बोल सखी! मधु बोल ।। 88

(और)

दोहा॰

किसने, सजनी! है दिया, विषद देह का दाह ।
डाँटा किसने है तुम्हें, किसने रोकी राह ।। 89

किसने तेरे नैन में, दीन्हे आँसू आज ।
कौन दुखाया है तुझे, किससे तू नाराज ।। 90

किसने यों कुपिता किया, किसने दीन्ही पीर ।
किसका धन तू चाहती, करना किसे अमीर ।। 91

किसको करना बंद है, कौन बिगाड़ा काज ।
किसको करना मुक्त है, क्या है भाया आज ।। 92

तेरे पथ में को खड़ा, किसको करना दास ।
किसकी मृत्यु चाहती, किसका करना नास ।। 93

किसने आज्ञा भंग की, किसने कीन्हा घात ।
क्यों तू इतनी है दुखी, प्रिये! बता दे बात ।। 94

पटरानी तू अवध की, किसका है यह काम ।
किसमें इतनी धृष्टता, प्रिये! बता दे नाम ।। 95

(और भी)

दोहा॰

नाम तिहारे मैं करूँ, अपना सारा राज ।
तारे ला दूँ तोड़ कर, आसमान से आज ।। 96

धन दौलत मेरी, सखी! कर दूँ तेरे नाम ।
तू कहदे तो वार दूँ, तुझ पर अपने प्राण ।। 97

(नृप-रानी संवाद)

दोहा॰

दशरथ को वश में किया, लंपट नर की तौर ।
बलि का बकरा मान कर, देखा उसकी ओर ।। 98

ज्योंही नृप ढीला पड़ा, देने उसको मात ।
कैकेयी ने तब कही, तीखे सुर में बात ।। 99

कोई कटु बोला नहीं, ना ही दीन्ही पीर ।
सखे! किसी ने ना दिया, मम नैनन में नीर ।। 100

वचन अगर दो, तो कहूँ, अपने मन का हाल ।
वादा तोड़ा तो अभी, प्राण तजूँ तत्काल ।। 101

(दशरथ जी)

दोहा॰

डूबे उसके मोह में, समझ न पाए गूढ़ ।
कैकेयी के प्रेम में, बुद्धि हो गई मूढ़ ।। 102

"जो भी तेरी माँग मैं, पूर्ण करूँगा आज ।
छोड़ अभी इस क्रोध को, बतला क्या है काज" ।। 103

(कैकेयी)

दोहा॰

रानी बोली हर्ष से, बाँध वचन में नाथ ।
"सच्चे प्रेमी आप हो, अतः कहूँ मैं बात" ।। 104

सुनो मुझे क्या चाहिए, ध्यान दीजिए नीक ।
उत्तर देना "हाँ" हि तुम, "ना" न सुनूँ तो ठीक ।। 105

(दशरथ)

दोहा॰

सीधे सादे आदमी, दशरथ भोली जान ।
जान सके ना माजरा, दुष्टनीति–अज्ञान ।। 106

बिछा रखा था प्रेम का, कैकेयी ने जाल ।
दशरथ उसमें फँस गए, विपदा सके न टाल ।। 107

मछली अटकी जाल में, दशरथ निर्बल दीन ।
छटपट सारी व्यर्थ थी, जल के बाहर मीन ।। 108

अंधे की लाठी गयी, गूँगे को ना बैन ।
दलदल में हाथी फँसा, कटे विहग के डैन ।। 109

बनी कसाई कैकयी, देगी बकरा मार ।
बिल्ली को चूहा मिला, राजा बने शिकार ।। 110

दशरथ नृप के फूस में, लगी हुई है आग ।
बेड़ी पैरों में लगी, दूर सके ना भाग ।। 111

दीये में बाती नहीं, अंधकार में पाँव ।
हुआ तरी में छेद है, बीच भँवर में नाव ।। 112

वादों पर वादे किए, आव रहा ना ताव ।
कूटनीति का मूढ़ वो, हार चुका था दाँव ।। 113

पड़ी कुल्हाड़ी पाँव पर, जखमी अपने आप ।
सूली पर चढ़ने चले, बिना किए ही पाप ।। 114

(अत:)
दोहा॰
कैकेयी को प्यार से, डाल बाहु का हार ।
हाथ पीठ पर फेर कर, धीरे से पुचकार ।। 115

दशरथ बोले स्नेह से, "माँगो सारा राज ।
उत्तर मेरा "हाँ" सुनो, "ना" न कहूँगा आज ।। 116

"तारे ला कर गगन से, तुझ पर दूँ मैं वार ।
हीरे लाऊँ ढूँढ कर, सात समुंदर पार ।। 117

"जो भी बोलो सब करूँ, वादा सकै न टूट ।
उत्तर प्रण का हाँ सुनो, आज न जाओ रूठ" ।। 118

दशरथ लंपट यों बने, देख सखी का रोष ।
साँप सँपेरे ने किया, तुमड़ी पर मदहोश ।। 119

हुई बतंगड़ बात थी, राई बनी पहाड़ ।
पिद्दी का था शोरबा, बिल्ली मार दहाड़ ।। 120

बिल्ली को चूहा मिला, मगर मच्छ को मीन ।
कैकेयी की पकड़ में, आए दशरथ दीन ।। 121

वश में करके नाथ को, फँसाय उनकी टाँग ।
बोली कैकेयी उसे, सुनो हमारी माँग ।। 122

(दो–वर)

दोहा॰

रघु कुल की ये रीत है, वादा टूट न पाय ।
अब "ना" मत कहना, सखे! चाहे जो हो जाय ।। 123

(तब, कैकेयी)

दोहा॰

"तथास्तु" नृप ने जब कहा, पक्के प्रण के साथ ।
रानी बोली प्रेम से, सुनो, अयोध्यानाथ! ।। 124

"दो–वर दीन्हे थे मुझे, रण में, करलो याद ।
आज मुझे वे चाहिएं, इस अरसे के बाद ।। 125

"पहले वर से तुम करो, भरत अवध का भूप ।
दूजे वर से राम को, भेजो वन मुनि–रूप ।। 126

"राघव बनबासी बने, पूरे चौदह वर्ष ।
वादा पूरण तुम करो, तभी मुझे हो हर्ष" ।। 127

(फिर, दशरथ जी)

दोहा॰

सुन कर रानी के कड़े, कटुतम तीखे बोल ।
दशरथ नृप का हो गया, हिरदय डाँवा डोल ।। 128

तन–मन पीड़ा से भरा, हुई बोलती बंद ।
नागिन के उस डंक से, हुई साँस थी मंद ।। 129

आँखें आँसू से भरी, काया थी बल हीन ।
चक्कर खा कर गिर पड़े, दशरथ क्षण में तीन ।। 130

सुन कर कटुतम बेतुकी, बेधक पैनी बात ।
मूर्छित दशरथ थे भए, सुन्न पड़े थे गात ।। 131

(उसके बाद)

दोहा॰

चेतन होकर फिर कहा, नृप ने दुख के साथ ।
नीचे शीश झुकाइके, माथे रख कर हाथ ।। 132

मूरख तू है क्यों बनी, तुझको है धिक्कार ।
राघव पर क्यों क्रोध, जो, करता तुझसे प्यार ।। 133

माँ! माँ! कह कर जो तुझे, स्नेह करे दिन-रात ।
राम भरत-सा पुत्र है, उस पर क्यों आघात ।। 134

बिन राघव के मैं, प्रिये! जी न सकूँ दिन चार ।
इससे अच्छा मैं मरूँ, विष पी कर लाचार ।। 135

(फिर कुछ देर बाद)

दोहा॰

जिसकी महिमा जान कर, जग गाता है गीत ।
सबको भाता राम है, सबसे उसको प्रीत ।। 136

विमल मृदुल जो प्रेम से, सबको देता मोद ।
ऐसे सुत पर तू भला, क्यों करती है क्रोध ।। 137

तेरे मन में ये भला, आया क्यों है पाप ।
सुत-बिरहा में भला, कैसे जीये बाप ।। 138

(पहला वर)

दोहा॰

भरत पुत्र तेरा यथा, वैसा ही सुत राम ।
दोनों सुत प्यारे मुझे, दोनों एक समान ।। 139

उनमें करती भेद क्यों, क्यों बिगड़ी तुम आज ।
पहले वर से, हे प्रिये! मिले भरत को राज ।। 140

अब तो हठ को छोड़ दे, सोच समझ कर ठीक ।
वन मत भेजो राम को, तुमसे माँगूँ भीख ।। 141

(और)

दोहा॰

आज सवेरे तू चुना, स्वयं राम को आप ।
अब क्यों तेरे दय में, घोर समाया पाप ।। 12

कौन बिगाड़ा है तुझे, कौन दिया है कोह ।
किसने फूँके कान हैं, कौन किया विद्रोह ।। 143

राम-भरत में भेद क्यों, तेरे मन में आज ।
नागिन सी फुत्कार क्यों, बिना किसी भी लाज ।। 144

मेरा मरना देख कर, सफल बने क्या काज ।
विधवा होकर क्यों भला, जीना चाहे आज ।। 145

(और भी)

दोहा॰

रघु कुल इतना दिव्य है, उत्तम जिसका नाम ।
उसकी रानी के भला, क्यों हों ओछे काम ।। 146

कुलीन कुल में तू पली, पाया प्रेम अथाह ।
तो फिर तेरे दय में, किसने डाली डाह ।। 147

आज अचानक, तू सखी! क्यों यह करती चूक ।
किसने पागल है किया, किसने दी है फूँक ।। 148

निश–दिन सेवा में लगा, रहता है सुत राम ।
माता कहता वो तुझे, तेरा दामन थाम ।। 149

ऐसे पावन पुत्र को, क्यों तू दे वनवास ।
पाप द्वेष का सिर लिए, क्यों खोती विश्वास ।। 150

परम पवित्तर पूत से, क्यों है ईर्ष्या आज ।
क्यों है तेरे मगज में, बेतुक ये अंदाज ।। 151

मुख से निकला शब्द वो, बनता है कटु बाण ।
मिटे न उसका व्रण कभी, लेने पर भी प्राण ।। 152

लांछन देवेगा तुझे, ऐसा कुत्सित काम ।
सारे वनिता–विश्व में, होगी तू बदनाम ।। 153

हाथ जोड़ नृप ने कहा, सुनो प्रार्थना आप ।
कृपा करो मम राम पर, जो है अति निष्पाप ।। 154

(और)

दोहा०

रघुकुल अपना दिव्य है, नीति रीति आदर्श ।
नहीं किया दुष्कर्म को, कभी किसी ने स्पर्श ।। 155

फिर तुझमें मति पाप की, घुसी कहाँ से नीच ।
बतला किसने है तेरे, भरा मगज में कीच ।। 156

वचन विषैले बोलते, क्यों नहिं आती लाज ।
क्यों है नागिन तू बनी, हमको डसने आज ।। 157

विनती तुझको मैं करूँ, दोनों हस्तक जोड़ ।
तिलक लगेगा भरत को, अब राघव को छोड़ ।। 158

(मगर)

दोहा०

कैकेयी को नाथ ने, बोली चोखी बात ।
मगर अड़ी वह माँग पर, अपने हठ के साथ ।। 159

लेकर नूतन साँस को, पा कर फिर से जोश ।
खोली अपनी वेणिका, दिखलाने को रोष ।। 160

नृप का करके अनसुना, रोना अरु अनुपाप ।
रही हठीली कैकयी, जतलाने संताप ।। 161

(रानी बोली)
दोहा०

पहले वर को पाइके, नहीं हुआ संतोष ।
दूजा पाने के लिए, और बढ़ाया रोष ।। 162

बोली, भेजो राम को, अभी अभी वनवास ।
वरना, स्वामी! मैं करूँ, कुल का सत्यानास ।। 163

सौतन का सुत ना रहे, घर में मेरे पास ।
राज भरत का हो गया, तुम सब मेरे दास ।। 164

दूजा वर पूरा करो, बिना किए कछु देर ।
नृप को यों फटकार कर, लीन्हा मुखड़ा फेर ।। 165

जब नागिन ने यों डसा, पा कर ओछा जोश ।
उसके जहरी डंक से, नृप ने खोया होश ।। 166

(दशरथ जी)
दोहा०

देख अडंगा दार का, दशरथ थे हैरान ।
समझ न पाए क्या करें, मुश्किल में है जान ।। 167

दशरथ निश्चल थे पड़े, खोये आधी सूझ ।
सोचत अब मैं क्या करूँ, रानी पावे बूझ ।। 168

(और)

दोहा०

नृप आए जब होश में, किट किट बाजे दाँत ।
फिर से पत्नी को कहा, सुनले मेरी बात ।। 169

जीवन मेरा राम है, उसके बिना न प्राण ।
उसको जाता देख कर, मुझे चुभेंगे बाण ।। 170

नई नवेली है सिया, आई लेकर आस ।
क्यों डाले फिर तू बता, उसके गल में फाँस ।। 171

राम पियारी है सिया, पतिव्रता वह नार ।
प्राण तजेगी बिरह में, उसको तो मत मार ।। 172

 भवभूति महाकाव्य गीतमाला, पुष्प 5

(अगम राम के काम)

स्थायी

रघुपति! अगम है काम तिहारे ।
♪ रेग॒मग॒! पमग॒ रे म–ग॒ रेसा–रे– ।

अंतरा –1

जगत जनों के भय दुस्तारे,
संकट सारे राम उतारे ।
विघ्न घोर जब राम को घेरे,
तब कौन उसे दे सहारे ।।

सासासा सारेरे ग॒– पम ग॒–रे–ग॒–,
प–मग॒ रे–म– प–म ग॒रे–म–
प–ध॒ नि–ध॒ पम प–म ग॒ म–प–,
मम– ध॒–प मग॒– मप रेसा–रे–

अंतरा –2

निश–दिन पाहि राम सखा रे,

भगत जनों को साँझ सकारे ।
जब हो अपने पिता दुखारे,
तब दूर से राम निहारे ।।

अंतरा –3

नई दुल्हनिया आई घर में,
पति उसका भेजा है वन में
सीता पर जब कष्ट घनेरे,
तब कौन है उनको उबारे ।।

(और)

दोहा॰

कौशल्या होकर बड़ी, रानी राघव–मात ।
तेरी सेवा में लगी, रहती है दिन–रात ।। 173

उस पर तेरा रोष क्यों, वह तो है निष्पाप ।
उस से सुत को छीन कर, तुझे लगेगा पाप ।। 174

देखूँगा मैं जब, प्रिये! वन में जाता राम ।
मर जाऊँगा बिलखता, तुमरा आँचल थाम ।। 175

नई नवेली है बहू, नहीं हुए दिन सात ।
कैसे वह सह पाएगी, दुख का यह आघात ।। 176

कैसे वर्षा धूप में, हिंस्त्र जीव के साथ ।
गिरि कंदर जलपात में, जीएगा रघुनाथ ।। 177

कोमल काया राम है, सुख में वह दिन–रात ।
कैसे वन में जी सके, वल्कल धारण गात ।। 178

निरपराध को दंड यों, क्यों देती हो शाप ।
कैसे इतना घोर ये, भुगतेगी तू पाप ।। 179

(कैकेयी–दशरथ अंतिम संवाद)

दोहा॰

मैंने तुझको आज तक, दीन्हा सच्चा प्यार ।
ये ना सोचा, यों मुझे, डालेगी तू मार ।। 180

इससे अच्छा तो मुझे, शंबर देता मार ।
तुझे लिए वो भागता, असुर, नरक के द्वार ।। 181

रानी अडिग डटी रही, अपने हठ पर ढीठ ।
टस से मस ना वह हुई, खड़ी घुमा कर पीठ ।। 182

(और)

दोहा॰

नृप बोला, मैंने तुझे, सुख दीन्हा दिन-रात ।
उसके बदले तू किया, मूढ़े! मेरा घात ।। 183

रति रस दीन्हा तू मुझे, उसमें मिलाय विष ।
मेरी आँखें अब खुलीं, जब तू फोड़ा शीश ।। 184

भ्रातृ-भगत सुत भरत है, नीति धर्म का पाल ।
ना मानेगा वो कभी, तेरी पापी चाल ।। 185

इतना कह कर नृप पुनः, गए धरा पर लेट ।
दोनों आँखे मीच कर, मुख पर बाँह लपेट ।। 186

5.

श्रीराम-लक्ष्मण-सीता का वनवास गमन

दोहा॰

गंगा जल श्री रामजी, अपने सिर पर डाल ।
निकल पड़े वनवास को, यथा बुना था जाल ।। 187

राम-सिया रथ पर चढ़े, लखन चला कर जोड़ ।
गुरुवर, अतिथि, जन सभी, निकले मंडप छोड़ ।। 188

भवभूति महाकाव्य गीतमाला, पुष्प 6

राग केदार : कहरवा ताल

(सीता वन चली)

स्थायी

दुल्हनिया वन चली, राम की सीता,
राज कुमारी, कोमल कलिका ।
रानी अवध की, जानकी माता ।।

सारेसाप पप म॑प ध-प प म॑पम-,
म-प पसांधप, म-धप ममरेसा ।
सां-सां सांनिध सांरें, सां-धप म॑पम- ।।

अंतरा-1

मधुर मिलन में, दे गयी अँसुअन ।
रैन सुहाग की, हो गई बैरन ।
जीयो जुग-जुग, जानकी माता ।।

पपसां सांसांसां रेंसां, निध सांरें सांनिधप ।
म-प पसां-ध प, म-धप म-रेसा ।
सां-सां- निध सांरें, सां-धप म॑पम- ।।

अंतरा-2

जल अँखियन भर, रोवत लछमन ।
हाथ जोर सिय मातु को वन्दन ।
जै जय तुमरी जानकी माता ।।

अंतरा-3

रघुपति दशरथ, जल कर तन-मन ।
कोसत कैकई, रोकत क्रंदन ।
धन्य है तुमरी, जानकी माता ।।

अंतरा–4

अवध पुरी के, बेबस दुखी जन ।
गात हैं ब्रह्मा, विष्णुजी शंकर ।
जीती रहो तुम, जानकी माता ।।

(माता)

दोहा॰

रोई कौशल्या दुखी, और सुमित्रा मात ।
दोनों पाकर वेदना, भई अचेता गात ।। 189

लौट न देखा राम ने, गृह बंधन को तोड़ ।
सुमंत्र को बोले, "चलो!" कर्म धर्म को जोड़ ।। 190

भवभूति महाकाव्य गीतमाला, पुष्प 7

चैती : दीपचंदी ताल

(चले लंका अवध बिहारी)

स्थायी

चले लंका अवध बिहारी, हो रामा,
धनुस जटा धारी ।

सारे- म-म- मप-ध सांसां-सां- -नि-, धप ग-मगमधप,
पधप- म-मगरे ग-सा- - -

अंतरा–1

नीर नयनन सकल नर-नारी, आरती करत मनहारी ।
हो रामा॰

सांनि-ध- नि-सांरें-सांसां सां-निनि- धप-म मप-ध-,
मसासारे- म-म-मप- धसांसां-सां- -नि- ।
धप ग-मगम॰

अंतरा–2

संग सिया है रघुवर प्यारी, अंग पे पीत वसन डारी ।

अंतरा-3

पीछे लखन परम सुविचारी, राम-सिया का हितकारी ।

(और)

दोहा॰

जनपद के जन थे खड़े, पथ की दोनों ओर ।
राघव को कर जोड़ते, रो कर करते शोर ।। 191

सिय पग पर सिर टेकते, जन-गण श्रद्धावान ।
लछमन-स्नेह सराहते, कहत धन्य हैं राम ।। 192

गाते भजनन भक्ति के, चलते-चलते साथ ।
प्रभु की मंगल आरती, जय सिय जय रघुनाथ ।। 193

 भवभूति महाकाव्य गीतमाला, पुष्प 8

राग भैरवी

(वन को राम चले)

स्थायी

वन को राम चले, सत् नाम चले, तज कर धाम चले ।
रेसा रे- प-म रेग-, मम प-ध पम-, रेरे गग म-ग- रे-सा- ।

अंतरा-1

पापी कैकई ममता खोई, कुल-कलहों से नहीं घबराई ।
रामलला से गादी छीनी,
छल से भरत के नाम कराई ।
किसी की न दाल गले ।।

रेसारे ग-गग- ममम- प-प-, धध पमप- ध- पम गगम-प-
सा-सासारे- रे- ग-ग- म-प-,
पप प धधप म- ध-प मग-रे-
रेरे ग ग म-ग रेसा- ।।

अंतरा-2

वचन पिता का पूर्ण कराने, वल्कल धर निकला रघुराई
पीछे पीछे लछमन भाई,
संग सिया बनवास धराई ।
दिन सुख के हैं ढले ।।

अंतरा–3

अवध पुरी के दुखी नर–नारी,
असुवन से सब देत विदाई ।
दसरथ ने गम से दम त्यागे, माता सुमित्रा बिरहाई ।
हिय सबका ही जले ।।

अंतरा–4

सबके दिल के टुकड़े टुकड़े, कैकई मन में थी हरषाई ।
भरत राम का सच्चा भाई,
गादी अवध की जिन ठुकराई ।
फल छल के न फले ।।

अंतरा–5

वाह रे राम और लछमन भाई,
धन्य-धन्य तू, सीतामाई! ।
जाओ तुमको राखे राई, ब्रह्मा विष्णु शंकर साईं।
आशिष देत तले ।।

6.

भरत का चित्रकूट गमन

दोहा॰

प्राण पखेरू उड़ गए, जब पिंजर से भाग ।
भूप सिधारे स्वर्ग को, भव बंधन को त्याग ।। 194

रानी-दोनों ने किया, रो कर बहुत विलाप ।
रोया सूत सुमंत्र भी, पाकर हिरदय ताप ।। 195

भीषण मातम अवध में, "गुजरे कोशलनाथ" ।
विद्युत गति से फैलता, गया, शोक के साथ ।। 196
कटु बचनन वे विष भरे, सुन कर भरत कुमार ।
काँपा ऐसा क्रोध में, जैसी वीणा तार ।। 197

(भरत)

दोहा०

अकुलाते फिर भरत ने, कहा मातु से, आप ।
भारी ईर्ष्या क्रोध से, तूने कीन्हा पाप ।। 198

तेरे माथे में भरा, किसने है यह कीच ।
अधम घिनौने मोह से, काम किए क्यों नीच ।। 199

बो कर बीजक कलह का, उगला तूने पाप ।
सुख देने की भूल से, मुझे दिया तू ताप ।। 200

"पुत्र बड़ा ही नृप बने," रघुकुल की है रीत ।
धर्म सनातन है वही, क्षात्र-कर्म की नीत ।। 201

अवध राज्य है राम का, ना मेरा अधिकार ।
त्रैकालिक यह सत्य है, कभी टरे ना टार ।। 202

भवभूति महाकाव्य गीतमाला, पुष्प 9

खयाल : राग अड़ाना, तीन ताल 16 मात्रा

(भरत शोक)

स्थायी

जननी मोरी करत अंऽधेऽ ऽ ऽ ऽ ऽ ऽ र ।
राऽमचंद्र भयोऽ ऽ ऽ बनबासीऽ ऽ ।।

रेंसारें निसां पनिम पसांसां-निधनि- -प ।
म-पपनि निम-गम रेसारेसारेसा ।।

अंतरा-1

जिन बिऽगाऽड़ीऽ मंऽथर दाऽसीऽ ।
भरत कहेऽ माँ! तूऽ कुलनासीऽ ऽ ।।

मप धधनिसांसां- निसांरें- सांनिधनिप ।
मपनि सांगंमं रेंसां! निसां रेंसां निपरेंसां ।।

(और)

दोहा॰

माते! माते! स्नेह से, तुझे पुकारे राम ।
मुख में उसके था सदा, रहता तेरा नाम ।। 203

ऐसे प्यारे पुत्र पर, कीन्हा तू आघात ।
उसके निर्मल प्रेम पर, तूने मारी लात ।। 204

तुझको भाता राम था, सबसे अधिक प्रमाण ।
राम-भरत थे एक से, तेरे लिए समान ।। 205

इतने प्यारे पुत्र को, दीन्हा क्यों वनवास ।
जिसने दीन्हा है सदा, तेरे मुख पर हास ।। 206

नवी नवेली जो बहू, आई तेरे द्वार ।
तूने घर में ना रखी, उसको भी दिन चार ।। 207

लक्ष्मण भी था प्रिय तुझे, प्रिय मेरा लघु भ्रात ।
फिर क्यों माते! छल किया, तूने उसके साथ ।। 208

"तेरे पापी कपट में, ना मैं तेरे साथ ।
मैं राघव के राज्य को, नहीं लगाऊँ हाथ" ।। 209

(अत:)

दोहा॰

कहा भरत ने मातु को, "कीन्हा तू अन्याय ।
दूँगा माते! राम को, नीति नियम से न्याय ।। 210

"जाऊँगा मैं विपिन में, जहाँ गए हैं राम ।
लाऊँगा मैं बंधु को, वापस अपने धाम" ।। 211

होते हुए कुलीन तू, कर्म किए हैं हीन ।
पापन कोई और ना, तुझसे अधिक मलीन ।। 212

माता को यों कोस कर, रोता बारंबार ।
निकल पड़ा वह कक्ष से, व्याकुल भरत कुमार ।। 213

(और)

दोहा॰

करी भरत ने घोषणा, पूर्ण शपथ के साथ ।
"जाऊँगा मैं विपिन में, लाने को रघुनाथ ।। 214

"अवध राम का राज्य है, सभी जहाँ सुखभाग ।
वही राज हम फिर करें, लगे न कोई दाग" ।। 215

कोई भूखा ना रहे, ना ही दुख में रोय ।
सदा सुखी सब हों जहाँ, रामराज्य वह होय ।। 216

कोई चिंतित ना रहे, ना हो कोई दुष्ट ।
कोई अपहारी न हो, ना हो कोई भ्रष्ट ।। 217

कोई चोरी ना करे, ना ही बोले झूठ ।
मार कूट हो ना कहीं, ना ही कोई लूट ।। 218

"प्रभु के मन में अवध का, होता मेरा राज ।
अनुज बनाता राम को, अग्रज मुझको आज" ।। 219

(भरत प्रतिज्ञा)

दोहा॰

राजचिह्न सब तज दिये, पाँव खड़ाऊँ डार ।
वल्कल कटि धारण किए, शीश जटा संभार ।। 220

राघव आसन पर मुझे, कभी नहीं अधिकार ।
वापस लाऊँगा उन्हें, उनकी हो सरकार ।। 221

(फिर)

दोहा०

मंत्री गण ने भरत की, कीन्ही जय जयकार ।
वापस लाने राम को, किया एक निर्धार ।। 222

7.

श्रीराम-भरत मिलाप

दोहा०

दुखी भरत जब आगया, रामचंद्र के पास ।
बोला, नैनन सजल से, मैं हूँ तुमरा दास ।। 223

गिरा चरण पर राम के, बोला, हे रघुनाथ! ।
दया करो इस भक्त पर, चलिए मेरे साथ ।। 224

"अवध राज्य है आपका, मैं हूँ तुमरा दास ।
आया हूँ मैं शरण में, लेकर मन में आस ।। 225

"क्षमा करो मम मातु को, भूलो उसकी बात ।
अब तो पितु भी चल बसे, तुम्ही पिता हो, तात! ।। 226

"अवधराज बस आप हैं, तुम्ही हमारे बाप ।
ईर्ष्या से लाचार हो, जननी कीन्हा पाप" ।। 227

(और)

दोहा॰
"हाथ जोड़ बिनती करूँ, सुनो कृपालु राम ।
लखन सिया को साथ ले, चलिए वापस धाम ।। 228

"सिंहासन है आपका, ना वह मम अधिकार ।
सेवा तुमरी मैं करूँ, मुझे दीजिए प्यार ।। 229

"तीनों माता साथ हैं, अथ है सेना साथ ।
अवध जनों का है कहा, चलिए घर, रघुनाथ!" ।। 230

(राम)

दोहा॰
सुन कर पितु के मृत्यु की, राम, भरत से बात ।
सिसकी दे कर रो पड़े, सह न सके आघात ।। 231

धीरज अरु बल छूट कर, गिरे भरत के काँध ।
दोनों बाँह पसार कर, लिया भुजा में बाँध ।। 232

बोले राघव भरत को, "नृप हो तुम बेजोड़ ।
क्यों आए हो विपिन में, राज्य काज सब छोड़" ।। 233

(भरत)

दोहा॰
कहा भरत ने, हे सखे! सुनो पिता की बात ।
जैसी मैंने है सुनी, वही कहूँगा, तात! ।। 234

भूपति जब थे जा रहे, वहाँ न मैं, ना आप ।
देते देते, तन तजा, मम जननी को शाप ।। 235

पुत्र न कोई पास था, न मध्यमा का प्यार ।
राम-नाम का विरह ही, गया पिता को मार ।। 236

पूजनीय पितु भूप हैं, गए परम परलोक ।

रो रो पुत्र वियोग में, राम–नाम का शोक ।। 237

पिता गए, बिन स्नेह के, करते बहुत विलाप ।
मैं आया जब तेल में, पड़ा हुआ था बाप ।। 238

(और)

दोहा॰
मिलते ही संदेश मैं, सात दिवस दिन–रात ।
दौड़ा बिन विश्राम के, बिन जाने ही बात ।। 239

मैं आया जब देश में, ठप था कारोबार ।
दूजे दिन अवधेश का, किया अंत्य संस्कार ।। 240

"जाल मध्यमा ने बुना, खोकर अपने होश ।
रखो बंधु विश्वास तुम, उसमें ना मम दोष ।। 241

"जननी के षड्यंत्र में, ना है मेरा हाथ ।
ना ही मुझको ज्ञात था, ना मैं उसके साथ ।। 242

"मिला यद्यपि है मुझे, निष्कंटक सब राज ।
मिले मुझे यदि शीश पर, रत्न स्वर्ण का ताज ।। 243

"फिर भी मैं हतभाग्य हूँ, सुख–वर्षा के बीच ।
बिना बंधु–पितु–प्रेम के, मेरा जीवन नीच" ।। 244

(राम)

दोहा॰
सीता को फिर राम ने, कही दुखद वह बात ।
सीते! भव को छोड़ कर, चले गए हैं तात ।। 245

राघव ने फिर लखन को, बोली जब दुख–बात ।
सीता सह मिल कर गले, रोये चारों भ्रात ।। 246

(भरत)

दोहा॰

कहा भरत ने राम को, मैं हूँ तुमरा दास ।
वनी बना कर तुम मुझे, रखलो अपने पास ।। 247

हाथ जोड़ विनती मेरी, सुनिये दया निधान! ।
सिया लखन को साथ ले, चलिए अपने धाम ।। 248

माँ ने पद मुझको दिया, जिसकी मुझे न चाह ।
गद्दी वापस दूँ तुम्हें, चलूँ मैं अपनी राह ।। 249

पद स्वीकारो वह तुम्हीं, वहीं तुम्हारा स्थान ।
तुम्हीं अवध के राज हो, वहीं तुम्हारा धाम ।। 250

(अत:)

दोहा॰

अवध चलो अब, रामजी! माता की भी माँग ।
अब तो है वनवास की, बातें ऊटपटाँग ।। 251

करी मिन्नतें भरत ने, स्नेह विनय के साथ ।
चरण छुए श्री राम के, जोड़े दोनों हाथ ।। 252

नहीं पिता भी अब रहे, न हि माता में क्रोध ।
बाधाएँ अब मिट गयीं, सुनो ज्ञान का बोध ।। 253

हठ को छोड़ो, घर चलो, करो राज्य का भोग ।
वन-जीवन में क्या रखा, बोल रहे सब लोग ।। 254

(और)

दोहा॰

नर का देह न फिर मिले, न ही भूमि का भोग ।
राज्य परम आनंद का, आया अब संजोग ।। 255

मनुज जनम मिलता नहीं, बार-बार, हे राम! ।

अभी भोग इसका करो, कल का किसको ज्ञान ।। 256

(राम)

दोहा॰

बोले राघव तत्त्व से, सुनो भरत! प्रिय भ्रात! ।
गुरु वसिष्ठ ने जो कही, धर्म कर्म की बात ।। 257

बालमीक मुनि कह गए, योगवसिठ में बात ।
जन्म मरण का ज्ञान तुम, भूल गए हो, तात! ।। 258

(सुनो)

दोहा॰

जो आता सो बिछुड़ता, यही नियति का खेल ।
भवसागर के चक्र में, नहीं चिरंतन मेल ।। 259

ऐसा को जन्मा यहाँ, जो न गया भव छोड़ ।
मातु–पिता गुरु बंधु से, गया न नाता तोड़ ।। 260

कौन रुका किसके लिए, कौन अमर इन्सान ।
जीना मरना नित्य हैं, यौवन जरा समान ।। 261

लौटत नाहीं दिन ढले, पल जो जाता बीत ।
अविरत करता कार्य जो, मिले उसी को जीत ।। 262

नीर सिंधु का बाष्प बन, जाता धरती छोड़ ।
वर्षा बन कर लौटता, नूतन नाता जोड़ ।। 263

जन्म मृत्यु का चक्र ये, उसी नीर समान ।
आना–जाना है लगा, योग वियोग प्रदान ।। 264

(और ध्यान रहे)

दोहा॰

नित्य सनातन हैं लगे, दोनों योग-वियोग ।
ऐसा कोई ना हुआ, जिसको मिला न सोग ।। 265

युवा बुढ़ापा नित्य ज्यों, जन्म मरण का साथ ।
कोई तब कैसे बचे, काल करे जब घात ।। 266

दिन ढल कर ना लौटता, जब आती है रात ।
कार्य कर्म पहले करो, अवसर निकला जात ।। 267

(और भी)

दोहा॰

गिरता तरु से फल पका, लगे हवा का झोंक ।
आयुष जी कर नर तथा, जाता है पर लोक ।। 268

मारे झपटा श्येन ज्यों, चिड़िया बचे न कोय ।
पाश तथा यम दूत का, मरण बुलावा होय ।। 269

जिसका ना उपचार है, ना जिस पर अधिकार ।
उस पर रो कर क्या मिले, नैनन अँसुअन ढार ।। 270

कौन यहाँ स्वाधीन है, सब जग उसके हाथ ।
काल-चक्र में सब फँसे, कोई चले न साथ ।। 271

(तथा ही)

दोहा॰

जग में सुख-दुख है बँटा, दायाँ बायाँ हाथ ।
तथा कर्म से है जुटा, कर्म-फलों का साथ ।। 272

सुख-दुख जग में है बने, जैसे दिन अरु रात ।
दुख रजनी के बाद ही, आता सुखद प्रभात ।। 273

गुरुवर ने हमको कहा, सत्य-धर्म का मूल ।
क्रोध-शोक में डूब कर, मत करना तुम भूल ।। 274

(और कहा)

दोहा॰

जन-सेवा अब धर्म है, तुम हो क्षत्रिय वीर ।
जाओ शासन अब करो, अधिक न ढारो नीर ।। 275

याद पिता को तुम रखो, हुए कर्म में लीन ।
अब तुम हठ को छोड़ कर, बनो विलाप विहीन ।। 276

चरित पिता का देख कर, बनो भरत! आदर्श ।
वचन भंग ना हम करें, न हि अकर्म को स्पर्श ।। 277

उतार दूँ ऋण पितृ के, पूरा कर वनवास ।
जाओ अब तुम लौट कर, मेरी है अरदास ।। 278

(भरत)

दोहा॰

सुन कर भी वच राम के, भरत न पाया तोष ।
बोला रघुपति को पुनः, सह विरोध, सह जोश ।। 279

माना मैंने, रामजी! तुम्हें वीर विख्यात ।
अगम कठिन कछु आपको, कहीं न कोई बात ।। 280

फिर भी मुझको, हे प्रभो! लगता है विपरीत ।
वन में बसता भूप है, तज कर कुल की रीत ।। 281

मम जननी है पापिनी, कर दूँ उसका घात ।
मगर न भाएगी तुम्हें, स्त्री हत्या की बात ।। 282

अग्रज, शासन छीन कर, वन में भेजा जाय ।
इसमें कैसा धर्म है, यह तो है अन्याय ।। 283

(अतः)

दोहा॰

मिट जावेगा जो हुआ, तुम पर है अपराध ।
चल कर शासन हाथ लो, होगा ना अपवाद ।। 284

बिनती मेरी मानिये, वचन करो स्वीकार ।
वरना वन में मैं बसूँ, तुम सह वल्कल धार ।। 285

सब सुख मैं भी त्याग दूँ, बसूँ तिहारे साथ ।
लौटूँगा ना अवध को, सुनो प्रभो, रघुनाथ! ।। 286

(राम)

दोहा॰

क्षात्र-धर्म ही न्याय है, वन हो, या हो राज ।
पिता वचन को पालना, सत्य-धर्म का काज ।। 287

पितु-आज्ञा पालन करूँ, जब तक तन में जान ।
सिद्ध करूँगा मैं उसे, देकर अपने प्राण ।। 288

धरो न धरना बैठ कर, तुम हो क्षत्रिय वीर ।
उठो, भरत रघुवर सखे! मन में धर कर धीर ।।

(फिर)

दोहा॰

सबने बोला, ठीक हैं, राघव के उद्‌गार ।
पितु-आज्ञा को पाल कर, कुल का है उद्धार ।। 289

सबने बोला भरत को, हठ को, सौम्य! निवार ।
चलो नीति को धार कर, राघव-मत अनुसार ।। 290

(अत:)

दोहा॰

राघव बोले भरत को, करो नीति से काज ।
ऊँचा रघुकुल नाम हो, सत्य-धर्म से राज ।। 291

मन में क्लेश न भेद हों, क्षमा करो अपराध ।
विरह सतावे ना तुम्हें, कभी आज के बाद ।। 292

दृढ़ मेरा संकल्प है, वन में चौदह वर्ष ।
रहूँ यथा प्रण है किया, तभी मुझे हो हर्ष ।। 293

(भरत)

दोहा॰

हरि के आगे हार कर, बोला भरत सुजान ।
पादुक अपने, हे प्रभो! मुझको दो, श्रीराम! ।। 294

आसन पर इनको रखूँ, नृप मैं इनके नाम ।
शासन, राघव! मैं करूँ, जाकर नंदीग्राम ।। 295

राह तिहारी मैं तकूँ, राघव! चौदह वर्ष ।
तुम ना यदि लौटे तभी, जल जाऊँ सह हर्ष ।। 296

तथास्तु लेकर राम से, निकला भरत कुमार ।
आया लौटा अवध में, सिर पर पादुक धार ।। 297

(राज सभा में)

दोहा॰

हरि-पादुक सिर पर धरे, आया भरत कुमार ।
अचरज जनपद लोग को, तापस भरत निहार ।। 298

राज सभा में भरत ने, कहे वचन अनमोल ।
"नृप हमरे श्री राम हैं, बाजे उनका ढोल" ।। 299

अवध नगर है राम का, मेरा नंदीग्राम ।
अनुमति दो सब मिल मुझे, वहाँ करूँ मैं धाम ।। 300

8.

श्रीराम का राज्याभिषेक

(अवध में)

दोहा॰

चौदश वर्षों का हुआ, पूरण जब वनवास ।
राघव लौटे अवध को, जन थे जहाँ उदास ।। 301

राघव-सीता को लिए, आया पुष्पक यान ।
जनपद जन थे गा रहे, राघव के गुण गान ।। 302

नर-नारी छोटे बड़े, जनपद के सब लोग ।
खूब सजाने अवध को, प्रचुर किए उद्योग ।। 303

गलियाँ-कूचे नगर के, साफ किए बाजार ।
घर-मंदिर नौ रंग से, भूषित राज दुआर ।। 304

राजमार्ग पर फूल के, बिछे गलीचे लाल ।
खड़ी किनारे नारियाँ, लेकर पूजा थाल ।। 305

(और)

दोहा॰सुंदर बाला थीं खड़ी, लेकर कर में हार ।
राम-सिया के नाम को, गाते बारंबार ।। 306

सबने सुंदर रंग के, पहने वस्त्र ललाम ।
बालक बूढ़े गा रहे, जय सीता! जय राम! ।। 307

(और भी)

दोहा॰हाथी मंगल थे सजे, जिन पर थे सरदार ।
अश्व कतारें थीं खड़ी, शोभित वीर सवार ।। 308

हाथ जोड़ कर थे खड़े, ऋषि-मुनियन के संघ ।
वस्त्र गेरुए डाल कर, लिप्त भस्म से अंग ।। 309

बाजे वाले शान से, बजा रहे थे ढोल ।
ताल मजीरे बाँसुरी, मनहर जिनके बोल ।। 310

(तथा ही)

दोहा॰रथ में बैठी उर्मिला, कौशल्या के साथ ।
करत सुमित्रा थी रही, कैकेयी से बात ।। 311

भरत खड़ा था सामने, तनु पर वल्कल धार ।
धरे हुए थे हाथ में, लाल गुलाबी हार ।। 312

सूरज ढलने था चला, जब चौथा था याम ।
दूर गगन में था दिखा, आता पुष्पक यान ।। 313

(तब)

दोहा॰ज्यों ही उतरा भूमि पर, आसमान से यान ।
सबने बोला जोर से, जय सीता! जय राम! ।। 314

साथ लखन के, यान से, उतरे सीता-राम ।
हार गले में भरत ने, पहनाए अभिराम ।। 315

माता तीनों ने करी, पूजा गाकर गान ।
गाए जन सब साथ में, ऋषि-मुनि संत सुजान ।। 316

वर्षा फूलों की हुई, और हुआ जयकार ।
दीये नगरी में जले, लाखों लाख हजार ।। 317

(फिर)

दोहा॰

कौशल्या ने राम को, तिलक लगाया लाल ।
आलिंगन देकर उसे, चूमा उसका भाल ।। 318

राम-सिया अरु लखन की, करी आरती मात ।
देकर शुभ वरदान भी, धरे बाँह में गात ।। 319

मातु सुमित्रा ने उन्हें, दीन्हे आशिष ढेर ।
आँसू नैनन से गिरे, लीन्हा मुख को फेर ।। 320

कुशल क्षेम शत्रुघ्न ने, पूछा सब खुशहाल ।
लगाय उनके भाल पर, कुमकुम और गुलाल ।। 321

अवध जनों ने राम के, कीन्हे पूजन गान ।
राघव-सीता-लखन का, कीन्हा बहु सम्मान ।। 322

(और फिर)

दोहा॰

विभीषण, सुग्रीव, जामवत्, अंगद, नल, हनुमान ।
सुषेण, तारा, नील का, भरत किया बहु मान ।। 323

करता उन पर पुष्प की, वृष्टि सचिव सुमंत्र ।
वसिष्ठ ने स्वागत किया, बोल वेद के मंत्र ।। 324

भवभूति महाकाव्य गीतमाला, पुष्प 10

(राम घर आए)

स्थायी

आज, राघव वन से आयो,
सखी! घर-घर दीप जलाओ ।

सानि़, सा-सासा रेरे सानि़ सारे-,
रेरे! गग गग म-ग रेसासा-

अंतरा-1

दशरथ नंदन, चरणन बंदन, कमल नयन हरि आयो ।
सखी! मंजुल गीत सुनाओ ।।

सासासासा रे-रेरे, गगगग म-गरे, गगग गमम मग रेग-
सारे! ग-गग म-ग रेसासा-

अंतरा-2

जनक नंदिनी, अवध की रानी, हर्ष की ज्योत जगाई ।
सखी! दर्शन करने आओ ।।

अंतरा–3

अंजनी नंदन, सब जग वन्दन, हनुमत लीला दिखायो ।
सखी! अवध में आनंद छायो ।।

९. दीपावली उत्सव

(नारद मुनि)

दोहा॰

नारद शंकर गा रहे, सुर में बहुत मिठास ।
लौटे हैं राघव–सिया, सफल हुआ वनवास ।। 325

(तब)

दोहा॰

सूरज नभ से ढल गया, कृष्ण भई है रात ।
चलिए अब सब महल में, बोली कौशल मात ।। 326

अवध द्वार से महल तक, राह सजी अभिराम ।
उभय ओर ललना खड़ीं, कर में दीप ललाम ।। 327

दीपक थाली में सजे, चम–चम करती ज्योत ।
लहराती आभा लगे, टिमटिमते खद्योत ।। 328

(फिर)

दोहा॰

यात्रा ज्यों ही चल पड़ी, राम–सिया जय घोष ।
सब बालाएँ नाचतीं, हर्ष मोद सह जोश ।। 329

आतिशबाजी के उड़े, आसमान तक बाण ।

रंग धमाके से गिरे, तारा-वृष्टि समान ।। 330

लड्डू पेड़े रेवड़ी, अनार केले आम ।
देत प्रेम से जनों को, लखन भरत सिय राम ।। 331

तोरण घर-घर पर लगे, दीपक शोभावान ।
लक्ष्मी देवी के हुए, पूजा कीर्तन गान ।। 332

 भवभूति महाकाव्य गीतमाला, पुष्प 11

(दिवाली भजन)

स्थायी

घर-घर दीप जलाओ सखी री, आज दीवाली ।
घर-घर दीप जलाओ सखी री, आज दीवाली ।
आतशबाज़ी चलाओ रे भैया, आज दीवाली ।।

पप पप पनि ध पम-म मम प, मग म-प-ध- – –
सांसां सांसां सां-सां निध-ध धध ध, धम -मधनिरेंसांध-पम ।
प-पप पनिध पम-म म मप, मग म-प-ध-पम

अंतरा-1

लछमी पूजा करो रे भैया,
लछमी पूजा करो रे भैया ।
मिर्दंग ढोल बजाओ, सखी री आज दीवाली ।।

-ग-ग- गमम- मध धप पमम-,
-सां-धनि सां-सांध -धनि रेंसां ध-पम
-पपपप पनिध पम-म, मम प मग म-प-ध- – –

अंतरा-2

धन देवी की आरती मंगल,
कीर्तन गान सुनाओ, सखी री ।

अंतरा-3

आज घर आयो दशरथ नंदन,

अवध में आनंद छायो, सखी री ।
अंतरा–4
बाल बालिका वनिता सुंदर,
रंग रंगोली सजायो, सखी री ।

दोहा॰
घर–घर नगरी के सभी, रँगे रंग से सात ।
शिव–गौरी बोले, "पुरी, इन्द्रधनुष की भाँत"।। 333

रची रँगोली रंग की, सबने विविध प्रकार ।
आँगन आँगन में सजा, रामायण का सार ।। 334

(श्री राम के राज्याभिषेक)
दोहा॰रामचंद्र राजा बने, सीता रानी आज ।
जय जय नारे अवध में, बजे सुमंगल साज ।। 335

धन्य–धन्य दशरथ हुए, कौशल्या बड़भाग ।
राजा राघव सा नहीं, हुआ, न होगा बाद ।। 336

पूछा राघव ने, जभी, भरा सभा दरबार ।
"सिंहासन पर पादुका, क्यों है, भरत कुमार?"।। 337

भ्राता बोला, राम को, अवध न मेरा राज ।
सिंहासन है आपका, ले लो सब तुम आज ।। 338

मैंने कीन्हा आज तक, राज्य तिहारे नाम ।
रख कर मैंने पादुका, सिंहासन पर, राम! ।। 339

मैं था नंदिग्राम में, बैठा छाल बिछाय ।
आया हूँ इत आज मैं, चौदह वर्ष बिताय ।। 340

(और)
दोहा॰

वल्कल जटा उतार कर, राजवस्त्र को धार ।
करो वेश भूषा, रघो! आभूषण शृंगार ।। 341

सेना को सँभाल लो, धन संपद् भँडार ।
सिंहासन पर बैठ कर, करो राज्य संभार ।। 342

(विजय यात्रा)

दोहा॰

मुनिवर बोले, रामजी! करिए अब जय घोष ।
निकले यात्रा नगर में, हर्ष सहित, सह जोश ।। 343

सीता, रानी थी सजी, कोमल सुंदर नार ।
स्वर्ग भूमि की अप्सरा, रामचंद्र की दार ।। 344

शोभा यात्रा सज गयी, सैनिक हुए तयार ।
नृप राघव, रानी सिया, रथ पर हुए सवार ।। 345

पंच पुरोहित गा रहे, वेद मंत्र के पाठ ।
भरत बन गया सारथी, घोड़े रथ को आठ ।। 346

चँवर डुलावत राम पर, लखन शत्रुघन भ्रात ।
हनुमत बैठा चरण में, छत्र विभीषण हाथ ।। 347

शोभा यात्रा चल पड़ी, बहुत मोद के साथ ।
यात्री गण सब गा रहे, जय सीता रघुनाथ! ।। 348

(तब)

दोहा॰आगे रथ था राम का, फिर परिवार तमाम ।
ऋषि–मुनि जन पैदल चले, पीछे जनता आम ।। 349

अवध नगर में शान से, चक्र लगा कर एक ।
आई यात्रा महल में, करने को अभिषेक ।। 350

हुई तयारी महल में, शुरू हुआ अभिषेक ।

आए सज्जन अवध के, ऋषि-मुनि संत अनेक ।। 351

(तब)

(माता कौशल्या)

दोहा॰सुवर्ण आसन पर सिया, बैठी राघव साथ ।
राजा रानी थे सजे, लिए हाथ में हाथ ।। 352

वसिष्ठ ने पूजन किए, वेद ऋचा के पाठ ।
गौतम जाबाली तथा, कात्यायन के साथ ।। 353

तिलक लगाए भाल पर, मौली बाँधी हाथ ।
सीता रानी अवध की, राजा श्री रघुनाथ ।। 354

भवभूति महाकाव्य गीतमाला, पुष्प 12

(राम को तिलक लगा)

स्थायी

आज, राम को तिलक लगेगा,
सखी! आनंद आनंद होगा ।

सारे, म-ग रे ममम मनिधपमप-, मम! नि-धप ध-पम पमगरेसा- ।

अंतरा-1

सीता हमरी रानी बनेगी,
सुंदर भूषण रंग सजेगी ।
आज, राम-का-राज बसेगा,
सखी! मंगल साज बजेगा ।

सा-रे- गमग- प-म गरे-ग-,
प-मग म-मम ध-प मग-म-
सासा, रे-रे रे ग-ग गम-म-,
मम! नि-धप ध-पम पमगरेसा-

अंतरा-2

सबने शोभित वसन हैं डारे,

जन पद सत् जन आन पधारे ।
आज, ऋषि-मुनि मंत्र उचारे,
सखी! कीर्तन गान सजेगा ।
अंतरा-3
सप्त नदी जल सिंचन होगा,
कोई न पुर में अकिंचन होगा ।
आज, स्वर्ग बिराजा होगा,
सखी! राघव राज करेगा ।

(और फिर)
दोहा॰
स्वर्ण मुकुट मणि रत्न का, रामचंद्र के शीश ।
मुनि वसिष्ठ ने था रखा, देकर शुभ आशीष ।। 355

राज छत्र नल ने धरा, सुग्रीव चमर डुलाय ।
शारद किन्नर गा रहे, माता तिलक लगाय ।। 356

सीता के गल राम ने, डाला मौक्तिक हार ।
सीता रानी अवध की, राघव नृप की नार ।। 357

मंगल आशिष ढेर से, पाए सीता राम ।
जनपद जन कटिबद्ध थे, रामराज्य के नाम ।। 358

उत्सव था अति हर्ष का, आए सिद्ध महांत ।
विविध देश-विदेश से, राजा ऋषि-मुनि संत ।। 359

लेकर परम वसिष्ठ से, महत्व का संदेश ।
आए अष्टावक्र थे, जतलाने अवधेश ।। 360

(संदेश)
दोहा॰
वसिष्ठ गुरुवर ने कहा, बधाइयाँ श्रीराम! ।

पालन हो कर्तव्य का, रामराज्य के नाम ।। 361

प्रसन्न हो जनता सदा, यही भूप का धर्म ।
प्रधान है कर्तव्य ये, करो यही तुम कर्म ।। 362

जिसके आगे अन्य ना, कोई बढ़ कर त्याग ।
तन मन सुख स्नेह भी, तजो स्वजन से राग ।। 363

राघव बोले ठीक है, पालूँगा आदेश ।
अष्टावक्र प्रसन्न थे, बोले जब अवधेश ।। 364

२. चित्र दर्शन अंक

(रामराज्य)

दोहा॰

न्याय नीति के नियम से, करके गठित समाज ।
यथा शास्त्र, शुभ धर्म से, राघव कीन्हा राज ।। 365

राज्य राम करने लगे, तज कर गर्व प्रमाद ।
संकट जो थे आगए, उनका छोड़ विषाद ।। 366

सबके मन के भाव का, आदर कर रघुनाथ ।
सावधान सब समय थे, प्रजा जनों के साथ ।। 337

स्नेह सादगी शाँति से, सबको समझ समान ।
प्रजा जनों के कथन का, करते थे सम्मान ।। 368

(और)

दोहा॰

जनपद जन भी प्रेम से, पूजित करते राम ।
द्वेष द्रोह का देश में, कहीं नहीं था नाम ।। 369

प्रजा पितावत् पात्र थी, राघव पुत्र प्रमाण ।
सीता सबको स्निग्ध थी, प्यारी सुता समान ।। 370

(फिर भी)

दोहा॰

जैसी कर की पाँच ही, ऊँगल नहीं समान ।
वैसी जनता की मति, होती है असमान ।। 371

दस ऊँगल को जोड़ कर, करते लोग प्रणाम ।
उठाय कोई उँगली, कर देता अपमान ।। 372

श्वान पृच्छ टेढ़ी सदा, सीधी करै न कोय ।

रामराज्य के बीच भी, दुष्ट नीति नर होय ।। 373

(फिर एक दिन)

दोहा०

कई दिनों के बाद फिर, इक दिन घटा प्रसंग ।
गर्भवती थी जानकी, बैठी राघव संग ।। 374

आए लक्ष्मण बंधु श्री, बतलाने को बात ।
कला प्रदर्शन है लगा, चित्र कला का, तात! ।। 375

दीवारों पर भवन की, रंग चित्र के काम ।
चित्रकला पटु राज्य के, बना गए, श्रीराम! ।। 376

प्रेक्षणीय सब चित्र हैं, दरसाते इतिहास ।
रामचंद्र की जीवनी, की घटनाएँ खास ।। 377

कृपा करें सिय-समजी, चलें देखने चित्र ।
विवाह से वनवास तक, सब हैं दृश्य पवित्र ।। 378

(चित्र देख कर)

दोहा०

सीता देवी गर्भिणी, बहुत हुई कमजोर ।
चली गई कुछ देख कर, शयन कक्ष की ओर ।। 379

(उतने में)

दोहा०

आया दुर्मुख नाम का, मंत्री कहने बात ।
झिझक रहा था बोलने, काँप रहे थे गात ।। 380

राघव बोले बात क्या, बोलो बिन संकोच ।
बिन लज्जा के तुम हमें, कहो तिहारी सोच ।। 381

(तब)

दोहा०

कहा सिया से राम ने, कैसा नृप मैं राम ।
एक नियम से जग चले, दूजे से मम काम ।। 382

जनता का जो मत रहे, वही राज्य का सूत्र ।
जनता नारायण कही, नृप है उसका पुत्र ।। 383

करतब अब मैं क्या करूँ, कहो सही क्या काम ।
जनता से जनतंत्र है, सेवक है श्री राम ।। 384

कैसे मैं तुमको तजूँ, करने तृप्त समाज ।
कैसे जन मत टाल दूँ, दुविधा में हूँ आज ।। 385

(सीता)

दोहा०

सीता बोली राम को, "मेरा ही था दोष ।
मैं थी लालच में पड़ी, मृग देखे मदहोश ।। 386

"ना मैं तुमको भेजती, मृग के पीछे, राम! ।
ना होता लंकेश का, सफल कपट का काम ।। 387

"तुम्हें कष्ट मैंने दिया, करवाया संग्राम ।
अब दुविधा में मत पड़ो, तज दो मुझको, राम! ।। 388

"क्षात्र-धर्म पर तुम चलो, यही सत्य है राह ।
पत्नी से बढ़ कर, सखे! प्रजा जनों की चाह" ।। 389

(राम)

दोहा०

गर्भवती तू नार है, नाजुक तेरा हाल ।
बालमीक मुनिवर तुझे, सीते! रखें सँभाल ।। 390

(विदाई)

दोहा॰

निर्णय लेकर राम ने, बैठ सिया के साथ ।
तजा गर्भिणी दार को, दुखी हुए रघुनाथ ।। 391

(सीता)

दोहा॰

सीता बोली, रामजी! त्याग न तुमरा दोष ।
मृग-लालच मैंने किया, मुझे नहीं था होश ।। 392

सीता खुद को कोसती, मन में लिए विषाद ।
बिछड़ी तुमसे, हे प्रभो! रखना मेरी याद ।। 393

भवभूति महाकाव्य गीतमाला, पुष्प 13

खयाल : राग यमन, तीन ताल

(सीता बिरहा)

स्थायी

निस दिन हों हम मन में तुम्हारे,
सुखकर सुमिरन रखना सँभारे ।

निनि पप रे– सासा गग ग मंनिधप–
गमंगप पधमंप निधप परे–सा–

अंतरा–1

साथ तुम्हारे काल हैं गुजरे,
दुख पल कारे सुख उजियारे ।

पगप पसां–सां– निरेंगं रें सांनिधप,
पगं रेंसां निधप– निध पपरे–सा–

अंतरा–2

मोद निमिष सब, नाथ पियारे,
आज वे सारे लगते नियारे ।

(वाल्मीकि आश्रम में)

दोहा०लछिमन ने सिय मातु को, पहुँचाया मुनिधाम ।
बालमीक मुनि ने कहा, शुभ है तुमरा काम ।। 394

सीता ने मुनि को कहा, मैंने की है भूल ।
जिससे मुनिवर आज ये, काम हुआ प्रतिकूल ।। 395

सीता को मुनि ने कहा, "मत कलपाओ गात ।
नारद ने बोली यथा, तथा हो रही बात" ।। 396

यहाँ रहो निश्चिंत तुम, मन में रख विश्वास ।
सब कुछ वैसा हो रहा, यथा लिखा इतिहास ।। 397

(फिर)
दोहा०

सुत सीता के आगए, पुत्र युगल अभिराम ।
बालमीक मुनि ने दिया, उनको "लव-कुश" नाम ।। 398

मुनि आश्रम में, राम के, लव-कुश जुड़वाँ पूत ।
पढ़े लिखे, आगे बने, रामराज्य के दूत ।। 399

शास्त्र विशारद होगए, लव-कुश ब्रह्म स्वरूप ।
शस्त्र-अस्त्र पंडित बने, रामचंद्र प्रतिरूप ।। 400

साम वेद संगीत का, किए परिश्रम घोर ।
वादन पारंगत हुए, दश वर्षीय किशोर ।। 401

३. पंचवटी अंक

(वनदेवी वासंती)

दोहा॰

दस वर्षों से अवध में, उदास थे श्रीराम ।
सीता दुख में काटती, प्रतिदिन संध्या शाम ।। 402

इक दिन साध्वी तापसी, आत्रेयी शुभ नाम ।
पंचवटी थी जा रही, अगस्त्य मुनि के धाम ।। 403

तमसा से गोदावरी, आई चल कर राह ।
वनदेवी उसको मिली, सानंद सउत्साह ।। 404

बोली आत्रेयी उसे, तमसा का वृत्तांत ।
क्रौंच युगल की वो कथा, अद्भुत रम्य नितांत ।। 405

महर्षि वाल्मिक का वहाँ, अनुष्टुभ् श्लोकोच्चार ।
सुन कर पावन छंद को, ब्रह्मा के उद्गार ।। 406

रामायण लिखने दिया, ब्रह्मा ने आदेश ।
उसी अनुष्टुभ् छंद में, जन हित के उद्देश ।। 407

(फिर)

दोहा॰

फिर आत्रेयी ने कहा, करके उसे प्रणाम ।
पंचवटी मैं जा रही, अगस्त्य मुनि के धाम ।। 408

देना है मुनि वंद्य को, अश्वमेध संदेश ।
रघुपति करने जा रहे, राघव अवध नरेश ।। 409

वासंती ने तब कहा, रख कर माथे हाथ ।
दीक्षा कैसे साध्य हो, विना सिया के साथ ।। 410

पत्नी के बिन यज्ञ ये, हो न सके निष्पन्न ।
क्या राघव का दूसरा, विवाह है संपन्न? ।। 411

(और फिर)

दोहा॰

आत्रेयी ने फिर कही, वनदेवी को बात ।
सिया प्रतिमा स्वर्ण की, की हैं राघव तात ।। 412

छोड़ चुके हैं रामजी, अश्वमेध का अश्व ।
चंद्रकेतु रक्षक बने, भ्रमण करेंगे विश्व ।। 413

चंद्रकेतु सुत लखन का, धनुधारी है वीर ।
कोई रोक न पायगा, अश्व, चला कर तीर ।। 414

(पंचवटी)

दोहा॰

पंचवटी में आगई, अगस्त्य मुनि के पास ।
आत्रेयी ज्ञापन लिए, अश्वमेध का खास ।। 415

मुनिवर ने आशिष दिए, राम-सिया को ढेर ।
पूजा राघव की करी, नीर सुमंगल फेर ।। 416

करते सुमिरण राम जी, प्रकट हुए सह प्रीत ।
पंचवटी में राम को, आया याद अतीत ।। 417

<u>भवभूति महाकाव्य गीतमाला, पुष्प</u> 14

(पंचवटी है कितनी सुंदर)

स्थायी

पंचवटी अति सुंदर है, जल धारा गिरि कंदर हैं ।
रंग भरे खग बंदर हैं, मोद विपिन के अंदर है ।।

सा-रेरे<u>ग</u>- रेसा रे-<u>गग</u> म-, पप म-<u>ग</u>- रेरे सा-रेरे सा-

सा–सा सारे– रेरे ग–गग म–, प–प पमम म– ग–रेरे सा–

अंतरा–1

पुष्प लताएँ तरु पर हैं, कमल दलों पर मधुकर हैं ।
चटक चहकते मधु रव हैं, सौरभ अनुपम मनहर है ।
मंगल रंग समुंदर है ।।

प–प पप–प धध धध प–, गगग गग– गग ममपम ग–
सासासा सारेरेरे– गग मम प–, म–पप मममम गगरेरे सा–

अंतरा–2

गिरि मंडल पर हरियाली, पवन शीत प्रभाशाली ।
स्वर्ग भूमि भूतल वाली, स्वयं इन्द्र जिसका माली ।
सींचत धरती अंबर है ।।

अंतरा–3

वीणा लेकर नारद जी, कुबेर गणपति शारद जी ।
किन्नर सुर कोविद सारे, आते पंचवटी के द्वारे ।
ब्रह्मा विष्णु शंकर हैं ।।

(स्वर्णमृग)

दोहा॰

स्मरण राम को आगया, स्वर्ण मृग का जाल ।
मुग्ध सिया को कर गई, मृग की मोहक चाल ।। 418

स्वर्ण हिरण को देखके, चरता चारों ओर ।
बोली, कैसा चतुर है, चंचल ये चित चोर ।। 419

श्लोक

पश्यति प्राङ्गणे सीता कुरङ्गं बहुसुन्दरम् ।
मृदुचर्म प्रियं रम्यं स्वर्णरङ्गं मनोरमम् ।।

भवभूति महाकाव्य गीतमाला, पुष्प 15

खयाल : राग जौनपुरी, तीन ताल 16 मात्रा

(मायावी मृग)

स्थायी

मन रिझावे सुनहरा हिरन रंग,
मन रिझावे सुनहरा हिरन रंग ।
बगिया में मोरी क्रीडत कूदत,
मृग लसित, करत मोरा मनवा दंग ।।

पम पसां ध पगरेसारे रेमम प–प
पम पसांध पगरेसारे रेमम प–प
पधसां– सां निसांरेंसां ध पगग रेमगरे
सासा सारे म मपप पध निसांरें गंसांध

अंतरा–1

ठुमकत फुदकत नाच नचावे,
मृदु छाला मोरा चित्त लुभावे ।
चंचल नैनन मन भरमाए,
ताहि चाह करत मोहे तंग ।।

ममपप धधनिनि सां –सां सांरेंनिसां–
पप पधसां– सांरें सांरेंगंरें सांनिसांधप
सां–सांसां ध–मप गग रेमगरेसा –
सारे म–म, मपध निसांरें गंसांध

अंतरा–2

मृग की माया सिय नहीं जानी,
मारिची को वो मृग मानी ।
दृष्टि सिय की भई दीवानी,
तिन ललचावत कंज अंग ।।।

४. लव-कुश अंक

(वसिष्ठ मुनि)

दोहा०

राम-राज्य के जब हुए, पूर्ण सफल दस वर्ष ।
वसिष्ठ बोले राम को, उत्सव हो सह हर्ष ।। 420

सार्वभौम तुम अधिप हो, देवेन्द्र के समान ।
अश्वमेध के यज्ञ से, मिले हमें सम्मान ।। 421

श्वेत महाबल अश्व पर, सजा छत्र संभार ।
निकला पाने दिग्विजय, त्रिभुवन को ललकार ।। 422

आगे घोड़ा भागता, पीछे सैनिक लोक ।
चंद्रकेतु जग जीतता, कोई सका न रोक ।। 423

तमसा पर जब आगया, अश्व विश्व को जीत ।
लव-कुश ने पकड़ा उसे, सेना हुई चकित ।। 424

अश्व छुड़ाने सैन्य ने, शर का किया प्रहार ।
जंबुकास्त्र से कर दिया, लव-कुश ने प्रतिकार ।। 425

(फिर)

दोहा०

छुड़ा सके ना अश्व को, सैनिक लव-कुश हाथ ।
लौटी सेना हार कर, बड़ी लाज के साथ ।। 426

(तब)

दोहा०मुनिवर बाल्मिक देखते, मगर पड़े ना बीच ।
लव-कुश पर विश्वास था, बिना किसी हिचकिच ।। 427

बोले, ज्यों ही थी कही, नारद मुनि ने बात ।

बिलकुल वैसा हो रहा, बिना कतई अपवाद ।। 428

(राम)

दोहा॰आई सेना अवध में, रोती राघव पास ।
चंद्रकेतु सुत लखन का, लौटा बहुत उदास ।। 429

राम कहे हनुमान को, लाओ अश्व हमार ।
जाकर देखो कौन हैं, ऐसे वीर कुमार ।। 430

(हनुमान)

दोहा॰

लव-कुश-आभा देख कर, समझ गए हनुमान ।
"ये तो सुत हैं राम के, वीर कुमार महान" ।। 431

कपि ने हाथ उठायके, मानी अपनी हार ।
लव-कुश, कपि को बाँध कर, नाचे ताली मार ।। 432

हनुमत ने मुनि से कहा, यों ही बाँधे हाथ ।
मुझे ले चलो अवध को, देखेंगे रघुनाथ ।। 433

मुनिवर बोले, ठीक है, यही उचित है बात ।
तभी कथा आगे चले, यथा लिखी है, तात! ।। 434

अभी समय है आगया, मिलें राम से पुत्र ।
राघव से सीता मिले, यही कथा का सूत्र ।। 435

(फिर)

दोहा॰

लव-कुश-बाल्मीक ले गए, कपि को राघव पास ।
राघव बोले, क्या हुआ, कौन किया उपहास ।। 436

तुम रावण दरबार से, भागे धक्का मार ।
भूत पिशाच पलायते, तुमरे रूप निहार ।। 437

तुम तो सकल उठाइके, लाए द्रोण पहाड़ ।
डर कर दौड़े असुर भी, सुन कर एक दहाड़ ।। 438

तुम तो वीर महान हो, तुमसा को है वीर ।
किसने बाँधा है तुम्हें, बिना चलाए तीर ।। 439

(हनुमान)

दोहा०

हनुमत बोला राम को, बन कर भोला कीश ।
मैं क्या जानूँ कौन ये, तुम जानो, जगदीश! ।। 440

(और)

दोहा०

हनुमत बोला, रामजी! ये हैं बाल कुमार ।
मुझसे बढ़ कर वीर हैं, मैंने मानी हार ।। 441

अंतर्यामी आप हैं, फिर भी, दया-निधान! ।
परिचय इनसे पूछिये, होगा जग कल्याण ।। 442

(राम)

दोहा०

कहो कुमारो! कौन हो, क्या हैं तुमरे नाम ।
पिता तिहारे कौन हैं, क्या है उनका काम ।। 443

माता तुमरी कौन है, कहाँ तुम्हारा धाम ।
मेरा परिचय मैं कहूँ, "राघव" मेरा नाम ।। 444

(और)

तुमने पाया है कहाँ, धनुर्वेद का ज्ञान ।
तुमरे गुरुवर कौन हैं, कहो सहित सम्मान ।। 445

तुमने हनुमत को भला, कैसे बाँधा पाश ।

जिसने असुरों का किया, गदा चला कर नाश ।। 446

जो ना रावण से डरा, असुरों को दी मार ।
संजीवन के काज में, लाया शैल उखाड़ ।। 447

(लव-कुश)

दोहा॰

लव-कुश बोले, तो सुनो, कथा हमारी, तात! ।
उत्तर अपने प्रश्न के, सभी प्रेम के साथ ।। 448

वीणा तारें छेड़ कर, दोनों राम कुमार ।
लगे सुनाने राम को, कथा-समुंदर सार ।। 449

भवभूति महाकाव्य गीतमाला, पुष्प 16

राग आसावरी, कहरवा ताल 8 मात्रा

(लव-कुश)

स्थायी

सुना रहे हैं लव-कुश सुंदर,
रामायण का कथा समुंदर ।

पधनि सांनिपमं मं- -मंध निध म-गग
-गमधपरेरे सा- साध- धनिधपपप

अंतरा-1

ब्रह्मा बोले, नारद धाए,
बाल्मीक लेखा, शारद गाए ।
मंगल पावन ये श्लोक सागर,
आनंदित हैं भवानी शंकर ।।

-गंगंगंरें गं-गं- -गंगंगंमं गंरेंरें-
-निसांनिध निरेंरें- -निरेंगंरें निरेंसां-
-प-सांनि पमंमंमं -मंमंधनिध म-गग
-गमधपरेरे सा - साध-ध निधपपप

70
भवभूति के महाकाव्य

अंतरा–2

अवध पुरी में रघुकुल साजा,
"दो-वर" दीन्हे दशरथ राजा ।
कैकयी कुब्जा रचा कुचक्कर,
भेजा वन में राम सुमंगल ।।

अंतरा–3

हरिण सुनहरा, हरण सिया का,
जटायु शबरी, वध बाली का ।
लंका दाहन, सेतु बंधन,
लखन संजीवन, रावण भंजन ।।

अंतरा–4

लव–कुश बालक अश्व जीत कर,
हारे हनुमत भरत लखन दल ।
भूप अवध का बना है राघव,
हर्ष भरे हैं धरती अंबर ।।

(कथा)

दोहा॰

धर्म परायण वीर था, राजा एक महान ।
रानी उसकी तीन थीं, मँझली उसकी जान ।। 450

मँझली को "दो-वर" दिये, बड़े मोह के साथ ।
अनजाने में कर गया, अपना आतमघात ।। 451

रघुपति के सुत चार थे, चारों वीर महान ।
वसिष्ठ विश्वामित्र ने, दिया शास्त्र का ज्ञान ।। 452

(एक दिन)

दोहा॰

इक दिन विश्वामित्र जी, आए दशरथ धाम ।

नृप ने बड़ सत्कार से, कीन्हा उन्हें प्रणाम ।। 453

दशरथ ने मुनि से कहा, सेवा कहिए, नाथ! ।
जो माँगोगे वार दूँ, बड़े प्रेम के साथ ।। 454

"ना" मैं उत्तर ना कहूँ, कहूँ शपथ के साथ ।
चाँदी सोना माँगलो, या सेना तैनात ।। 455

दशरथ को मुनि ने कहा, धन सब है बेकाम ।
मैं आया हूँ माँगने, पुत्र तिहारा, राम ।। 456

(विश्वामित्र महामुनि)
दोहा॰वन में सुबाहु ताड़का, कीन्हा है उत्पात ।
राम–लखन के बाण से, होगा उनका पात ।। 457

वचन भंग अब मत करो, दे दूँगा मैं शाप ।
वादा तोड़ा अगर तो, लग जावेगा पाप ।। 458

निकल पड़े जब विपिन को, मुनि के सह रघुनाथ ।
लखन लला भी चल पड़ा, गुरु भाई के साथ ।। 459

एक बाण में राम ने, किया ताड़का पात ।
दूजे शर से लखन ने, कीन्हा सुबाहु घात ।। 460

(फिर)
दोहा॰मिथिला नगरी में सजा, उत्सव बहुत विशाल ।
रचा स्वयंवर जनक ने, शिव–धनु कियो कमाल ।। 461

रावणादि योद्धा सभी, चढ़ा न पाए तीर ।
शिव–धनु राघव हाथ में, टूट गया बिन पीर ।। 462

सीता ने फिर राम को, वर माला का हार ।
पहनाया अति हर्ष से, जनक किया सत्कार ।। 463

(मगर)

दोहा॰चली कुचक्कर मंथरा, कैकेयी बदनाम ।
दोनों वर को माँग कर, वन में भेजा राम ।। 464

संग लखन भी चल पड़ा, चली सिया भी साथ ।
चले अयोध्या छोड़ कर, दंडक में रघुनाथ ।। 465

वन में रावण ने चली, माया-मृग की चाल ।
सीता को शठ लेगया, वायुयान में डाल ।। 466

(अन्वेश)

दोहा॰सीता-ढूँढन को चले, राम-लखन दो भ्रात ।
मिला जटायु राह में, लहु से लथपथ गात ।। 467

जटायु, शबरी ने कहा, जाओ दक्षिण देश ।
हनुमत राघव से मिला, धन्य-धन्य अवधेश ।। 768

कपिसेना करने चली, सीता का अन्वेश ।
अगस्त्य मुनिवर ने कहा, कहाँ बसा लंकेश ।। 469

(हनुमान)

दोहा॰हनुमत राघव से मिला, सर्व सुमंगल योग ।
कपि को राघव ने कहा, सिया बिरह का सोग ।। 470

लंका में कपि ने किया, सिया मातु का शोध ।
मुंदरी देकर राम की, दिया सिया को बोध ।। 471

सागर सेतु से हुई, सेना सागर पार ।
मारा रावण राम ने, किया सिया उद्धार ।। 472

(राम)

दोहा॰राम अवध के नृप बने, नीति नियम के साथ ।
अवध प्रजा का तंत्र था, सेवक थे रघुनाथ ।। 473

झुके प्रजा के सामने, तजे सिया को राम ।
पूजत मूरत स्वर्ण की, सीता की अभिराम ।। 474

(सीता)

दोहा॰हमरी माता है सिया, पिता हमारे राम ।
हमें बालमिक ने दिया, ज्ञान राम के नाम ।। 475

९. पश्चाताप अंक

(वाल्मीक मुनिवर)

दोहा॰

लख कर गुरु बाल्मीक को, चरण पड़े श्री राम ।
गुरु बोले, "लाओ सिया," तभी बने शुभ काम ।। 476

दंड बहुत है पा चुकी, बिना किसी भी दोष ।
हमरे मठ में है सिया, निर्मल शुचि निर्दोष ।। 477

निरपराध को दंड है, मिला कठिन तम घोर ।
ले आओ उसको यहाँ, मत दो बिरहा और ।। 478

(राम)

दोहा॰

मुनिवर! कैसी है कहो, सीता मेरी प्राण ।
कैसे काटे हैं कहो, बरस दसों, बिन-राम ।। 479

(राम)

दोहा॰

लखन-भरत-हनुमान! तुम, लाओ अपनी मात ।
झटपट तुम जाओ, सखे! अरज करे तव भ्रात ।। 480

रथ में बैठे चल पड़े, तीनों आश्रम ओर ।
वाल्मिक-आश्रम आगए, जहाँ सिया का ठौर ।। 481

(हनुमान)

दोहा॰

माते! हम हैं आपको, लेने आए साथ ।
आज्ञा गदगद दय से, दीन्ही हैं रघुनाथ ।। 482

क्षमा याचना चाहते, तुमसे राघव आप ।

निरपराध को दे दिया, दंड और संताप ।। 483

लव-कुश दोनों पुत्र हैं, बैठे उनके साथ ।
हर्षित दोनों हैं भए, पकड़ पिता का हाथ ।। 484

लव-कुश ने गा कर कही, सबसे तुमरी बात ।
नीर राम के नैन में, दीन्हे दोनों भ्रात ।। 485

राघव बोले, हे सिये! बड़ी हुई है भूल ।
मैंने आतप ताप में, फेंक दिया है फूल ।। 486

रावण ने भी था किया, मरते दम पछताव ।
सुबुद्धि जब थी जग पड़ी, जाग पड़ा सद्‌भाव ।। 487

भवभूति महाकाव्य गीतमाला, पुष्प 17

राग आसावरी

रावण का पछतावा

स्थायी

दया करो श्री सीता रानी,
कृपा करो हम पर वैदेही ।
क्षमा करो अपराध हमारे,
भला करो हम शरण तिहारे ।।

सामगम गसा- निसा धधनि निसा-सा-
साम- गम- मध सासाम धगमगसा
सामगम गसा- निसाधधनि निसा-सा-
साम- गम- मध सासाम धगमगसा

अंतरा-1

भूल हुई है मुझसे भारी,
मैंने अनघ सिया दुतकारी ।

सहन करो तुम, सीते जगमाई!
दया करो, हम शरण तिहारी ।।

ग–म म ध– नि– सांसांसां– गंनिसां –
नि–नि– नि– नि–धनि सांनि ध–म–
सामम गसा– निसा धध निनिसा–सा–
साम– गम– मध सासाम धगमगसा

अंतरा–2

रघु कुल रीति सदा चली आई,
घर की लक्ष्मी होत लुगाई ।
सहन करो तुम, सीते जगमाई!
दया करो, हम शरण तिहारी ।।

अंतरा–3

भरत लखन शत्रुघन मम भाई,
तुम उनकी प्रिय हो भौजाई ।
सहन करो तुम, सीते जगमाई!
दया करो, हम शरण तिहारी ।।

अंतरा–4

हनुमत कपिवर परम सहाई,
घटा दुखों की उस पर छाई ।
सहन करो तुम, सीते जगमाई!
दया करो, हम शरण तिहारी ।।

६. सीता महाप्रयाण अंक

(सीता देवी)

दोहा॰

सीता राघव चरण में, गिरी, सजल कर नैन ।
बोली रोती हाँफती, सहित काँपते बैन ।। 488

क्षमा करो, हे रामजी! मेरी छोटी भूल ।
बहुत बड़ा संकट बनी, दीन्हा सबको शूल ।। 489

सुन ही लेती मैं अगर, लक्ष्मण का उपदेश ।
सफल न हो पाता कभी, रावण का उद्देश ।। 490

तजा मुझे तुमने, रघो! यथा प्रजा–आदेश ।
रहें न दुविधा आज ये, ना ही होगा क्लेश ।। 491

आगे बोली राम से, "तुमरा ना है दोष ।
मेरे जाने में मिला, जनता को संतोष ।। 492

"तुमने ये निःस्वार्थ ही, किया है कटुतम काज ।
जितना दुख आया मुझे, तुमको भी, रघुराज! ।। 493

"मेरे जीवन में यही, लिखा हुआ है, नाथ! ।
पल दो पल का, है प्रभो! हम दोनों का साथ ।। 494

"जाने दो मुझको, सखे! अब मत मुझको रोक ।
सहे दुःख इस लोक में, जाने दो पर लोक" ।। 495

भवभूति महाकाव्य गीतमाला, पुष्प 18

(सीता महाप्रयाण)

स्थायी

मोहे, जाने दे । भूमि सुता भूमि में जा रही ।
मोहे मत रोक रे । मोहे, जाने दे ।।

गमगरे, गपपध म- । प-प पप- प-ध- प म- गरे-
मपप- मम गरेग प- । गमगरे, गपपध म-

अंतरा-1

नन्हे तेरे लव-कुश दोनों, देखा ना तिन है जग कोनों ।
माता का प्रेम दे, जाओ मत सीते ।।

गमगरे गमम- पप पप मपमग
रे-रे- ग- गग ध- पम ग-म- ।
गमगरे ग प-ध म-, गमगरे गम गपम-

अंतरा-2

दुनिया ने तुझ को दुतकारा,
बिना दोष के दोष है डारा ।
राघव को छोड़के, जाना मत सीते ।।

अंतरा-3

राघव मुझको जाना होगा, राधा बन कर आना होगा ।
शिव का आदेश है, श्यामा जाने दे ।।

(फिर)

दोहा॰

हे शंकर गौरी! बुझा, नीति नियम की आग ।
जला रही है राम के, अरु मेरे भी भाग ।। 496

धरती माँ! अब बस हुआ, राखो मेरी लाज ।
लाई मुझको तू हि है, वापस ले ले आज ।। 497

तांडव शिवजी ने रचा, खोली तीजी आँख ।
धरती पल में फट गयी, करके मिट्टी राख ।। 498

शिवजी! अब झेलो मुझे, नाथ! पसारो हाथ ।
तरेड़ में कूदी सिया, देख रहे रघुनाथ ।। 499

भवभूति महाकाव्य गीतमाला, पुष्प 19

खयाल : राग दरबारी कान्हड़ा

(तांडव नृत्य)

स्थायी

छम-छम पायल घुँघरू बाजे, छम-छम पायल घुँघरू बाजे ।
साथ में डमडम डमरू बोले, गौरी शंकर तांडव नाचे ।।

मम रेरे- सानि़सा रेपग- गमरे सा
मम रेरे- सानि़सा रेपग- गमरे सा
म-म म पप पप- मपसां- निध-निप
-सां-सां निपमप ग-गम रेसा

अंतरा-1

गल में माला सर्प बिराजे,
कटि पर हिरन की छाला साजे ।
शंख फूँकते बम् बम् भोले,
धरती अंबर संग में डोले ।। छम॰

मम प- निध-नि- सां-सां सांरेंनिसां-,
निसां रेंरें रेंसांसां सां निसांरेंसां ध-निप ।
परेंरें रें-रेंसां रें गं - गंमं रें-सां-,
मपसां- निपमप ग-ग म रेसा ।। मम॰

अंतरा-2

सिर पे गंगा, चंद्र जटा में,
तन पर भसम बिभूति शिवा के ।
आँख तीसरी शंकर खोले,
डम् डम डम् डम डमरू बोले ।।

भवभूति महाकाव्य गीतमाला, पुष्प 20

तराना : राग मालकंस - तीन ताल

(तांडव नृत्य)

स्थायी

तन ना दिर् दिर् दानि त दानि तानूम् तन नन तन
दीम् त दीम् त दीम् तूँम् तनन तन ।।

अंतरा

दिर् दिर् तन दिर् दिर् तन दीम् तन नन नन
तदारे तदारे दानि तूम् तन नन नन, दीम् दीम् तन नन, दीम् दीम्
तन नन
तिते कत गदि गिन ध – कत –
तिते कत गदि गिन धा – कत – तिते कत गदि गिन ।।

(नारद)

दोहा॰

नारद थे बरसा रहे, सुमन सुगंध अनेक ।
बोले, सीते! श्रेष्ठ तू, सकल स्त्रियों में एक ।। 500

<u>भवभूति महाकाव्य गीतमाला, पुष्प</u> 21

दादरा ताल

धरणी भंग की कथा

स्थायी

गीत शारद ने मंजुल है गाया,
साज नारद मुनि ने बजाया ।
रत्नाकर से है मंगल रचाया,
रामायण को है सुंदर सजाया ।।

म–ग म–म– म प–म– ग म–प–
रे–ग म–म– मध– प– मग–म–
रेगम–म म– म ध–प– गम–प–
रे–ग–म– म– म ध–प– मग–रे–

अंतरा-1

बोले बाल्मीक, श्री राम प्यारे!
पास लाओ सिया को तिहारे ।
राम, लछमन को लाने पठाया,
भाई भाभी को लेकऽर आया ।।

सांसां नि-रें-सां, ध- नि-ध प-म-!
सांसां नि-रें- सांध- नि- धप-म-
म-ग, मममम म प-म- गम-प-
रे-ग म-म- म ध-प-म ग-रे-

अंतरा-2

सीता बोली, मेरे नाथ प्यारे!
दुख झेले हैं तुमने करारे ।
जितना बिरहा का दुख मैंने पाया,
उतना तेरे भी भागऽ में आया ।।

अंतरा-3

धरती माते! मुझे गोद में ले,
तेरे अंदर मुझे मुक्ति दे दे ।
फटी धरती यथा शिव की माया,
कूदी भूमि में राघव की जाया ।।

७. रामायण नाटिका अंक

(वाल्मिकि आश्रम)

दोहा॰

इसी समय में एक दिन, नाटक खेल सुडौल ।
वाल्मिक आश्रम में हुआ, रामायण अनमोल ।। 501

आयी सुंदर अप्सरा, आए नर्तक लोग ।
सजे मनोरम पात्र थे, गायक गण संजोग ।। 502

नौ रंगों की नाटिका, नौ रस के थे गाण ।
नाटक के हर सर्ग में, करुण रस था प्रधान ।। 503

(रामलीला की नाटिका)

दोहा॰

ललना चुनरी ओढ़ कर, नीली, पीली, लाल ।
तितली जैसी लचकती, चली ठुमकती चाल ।। 504

पग में घूँघर बाँध कर, छम-छम करतीं नाद ।
बालाएँ थीं नाचती, पूजन-विधि के बाद ।। 505

(और भी)

दोहा॰

कोई दसरथ की कथा, "दो-वर" वाली बात ।
कोई दोहा छन्द में, बाल श्रवण का घात ।। 506

कुब्जा कुल्टा की कथा, कैकेई के काम ।
कौशल्या की कीर्ति की, कोई करे बखान ।। 507

कोई दंडक की कथा, वल्कलधारी राम ।
राम-सिया के सोरठे, छंद लखन के नाम ।। 508

भरत भेंट का माजरा, चित्रकूट का वास ।
राम पादुका की कथा, भरत दय का त्रास ।। 509

(फिर)

दोहा०

पंचवटी की झोंपड़ी, सुंदर स्वर्ग समान ।
माया-मृग का फुदकना, कांचन रंग ललाम ।। 510

कोई रावण भिक्षु का, हाव भाव के साथ ।
अभिनय सच्चा सा किए, धरे सिया का हाथ ।। 511

"भिक्षां देहि माम् तू," कह कर भिक्षुक बोल ।
लक्ष्मण रेखा से परे, रहता झोली खोल ।। 512

भवभूति महाकाव्य गीतमाला, पुष्प 22

(भिक्षां देहि)

स्थायी

सीता माई भिक्षां देहि ।

सा–रे– म–ग– प–म– ग–रे– ؛

अंतरा–1

वस्त्र गेरुए, सिर पर चोटी ।
हाथ कमंडलु, दाढ़ी खोटी ।
जोगी बना है, रावण द्रोही ।।

सा–रे ग–गग–, मम मम प–म–
ध–प मगमम प–मग रे–ग–
सा–रे रेम– ग–, प–मम ग–रे–

अंतरा–2

राम गए हैं मृग के पीछे ।
लखन है निकला रेखा खींचे ।

सिया अकेली कुटिया माही ।।

अंतरा-3

भिक्षा देने सीता आई ।

रावन पकड़ी सिया कलाई ।

शोर मचा रही है वैदेही ।।

(तथा ही)

दोहा॰

कोई रो-रो कर कहे, "बचा मुझे रघुनाथ!" ।
कोई विहग जटायु की, बात अश्रु के साथ ।। 513

कोई शबरी सी बने, वृद्धा नारी रूप ।
चख-चख जूठे बेर से, हर्षाते सुरभूप ।। 514

कोई गावे राग में, "मिले राम-हनुमान" ।
एक निमिष में पा लिया, 'रामदास' का मान ।। 515

बाली-सुग्रीव बंधु का, मुष्टियुद्ध संग्राम ।
तारा देवी की कथा, किष्किंधा के ग्राम ।। 516

(और फिर)

दोहा॰

सेतु-बंधन की कथा, कपि दल के शुभ काम ।
पत्थर सागर पर तरे, लिख कर राघव नाम ।। 517

कोई मुँदरी की कथा, सिय हनुमत की भेंट ।
सीता देवी की व्यथा, यथा तथा ही ठेठ ।। 517

कोई बढ़िया खेलता, "छातीफाड़ हनुमान" ।
देता सीता मातु को, ठीक ठीक अनुमान ।। 518

लंक जरावन की कथा, संजीवन की बात ।

इंद्रजीत वध की कथा, कुंभकर्ण का घात ।। 519

रावण की दस-मुख कथा, युद्ध राम के साथ ।
कोई गाता गीत है, "जीत गए रघुनाथ" ।। 520

(साथ ही)

दोहा॰
कोई झूला झूलते, नाचत देकर ताल ।
कोई रचता अन्न के, विविध भाँति से थाल ।। 521

कोई पुष्पक यान का, करता बहुत बखान ।
कोई सीता मातु का, करे मधुर गुणगान ।। 522

उत्सव ये आनंद का, 'दीपावली' के नाम ।
सब जग में जाना गया, जय सीता जय राम ।। 523

भवभूति पर आधारित
दोहा छंद में संगीमय प्रस्तुति

२

रत्नाकरकृत
महावीरचरित

महावीरचरित पात्र परिचय

1. अंगद =बाली का पुत्र
2. अक्षकुमार = रावण का भाई
3. अगस्त्य मुनि =दंडक वन में श्रीराम के उपदेशक ऋषि
4. अयोध्या =एक्ष्वाकु की राजधानी
5. अलका देवी =कुबेर स्थापित बगरी
6. अहल्या देवी = गौतम मुनि की साध्वी पत्नी
7. इन्द्र = देवताओं का राजा
8. उर्मिला =लक्ष्मण की त्यागी पत्नी
9. ऋष्यमूक =पर्वत, सुग्रीव कपि की राजधानी
10. कबंध =दंडकारण्य का एक राक्षस
11. कुबेर =रावण का धनाड्य भाई
12. कुम्भकर्ण = रावण का भाई
13. कुशध्वज = राजा जनक के बंधु, विदेह के राजा
14. कैकेयी =राजा दशरथ की पटरानी, भरत की माता
15. खर = रावण का सेनापति
16. गंगा नदी = जन्हवी, भागीरथी
17. गुह निषाद =शृंगेवरपुर का भील राजा
18. गौतम मुनि =अहल्या देवी के पति
19. चित्रकूट =वनवास गमन में श्रीराम का प्रथम निवास स्थान
20. चित्ररथ = मुख्य गंधर्व
21. जटायु =खगराज
22. जनक =मिथिलेश, सीता के पिता
23. जनकपुरी = राजा जनक की राजधानी
24. जामवंत =सुग्रीव का एक सेनापति
25. ताड़का =राक्षसी, सुबाहु और मारीची की माता
26. त्रिजटा = रावण की दासी
27. दंडक वन = दक्षिण का निबिड अरण्य
28. दशरथ राजा =अयोध्यापति, श्रीराम के पिता
29. दूषण =रावण का सेनापति
30. पंचवटी =दंडक वन में श्रीराम का निवास स्थान
31. पंपापुर =पंपा सरोवर के किनारे दंडक वन में शबरी का निवास स्थान
32. परशुराम =परशुराम भार्गव

33. प्रहस्त =रावण का सेनापति
34. बाली =बालि, किष्किंधा का कपिराज
35. भरत =श्रीराम के बंधु, कैकेयीसुत
36. मंथरा =कैकेयी की दुष्ट दासी
37. मंदोदरी =रावण की सदाचारी पत्नी
38. मांडवी = कुशध्वज कन्या, भरत की पत्नी
39. मारीचि =ताड़का का राक्षस पुत्र, सुबाहु का भाई
40. माल्यवान = रामायण व्यतिरीक्त पात्र, एक कल्पित खलनायक
41. मिथिलापुरी =राजा जनक की राजधानी
42. मेघनाद = इन्द्रजीत, रावण पुत्र
43. राम = श्रीराम, राघव, रघुनाथ, अवधेश, दशरथसुत
44. रावण = लंकापति, मंदोदरी का पति
45. लंका देवी = अलका देवी की दीदी
46. लक्ष्मण =सुमित्रासुत, श्रीराम के बंधु
47. वसिष्ठ =रघुकुल के कुलगुरु
48. विभीषण =रावण का सदाचारी भाई
49. विश्वामित्र महर्षि = कौशिक मुनि
50. शतानंद ऋषि = जनक ऋषि के पुरोहित जिन्होंने सीता का स्वयंवर किया था
51. शत्रुघ्न =श्रीराम के बंधु, कैकेयीसुत
52. शबरी =पंपापुर की भिलनी
53. शूर्पणखा = रावण की भगिनी, राक्षसी
54. शृंगेवरपुर = गंगा किनारे भील लोगों की राजधानी
55. श्रुतकीर्ति = कुशध्वज कन्या, शत्रुघ्न की पत्नी
56. संपाति =जटायु का भाई
57. सिद्धाश्रम = विश्वामित्र महामुनि का आश्रम
58. सीता =राजा जनक की कन्या, जानकी, वैदेही, श्रीराम की पत्नी
59. सुग्रीव =ऋष्यमूक पर्वत पर कपिराज, बाली का भाई
60. सुबाहु =ताड़का का राक्षस पुत्र
61. हनुमान = हनूमान, रामदास

(भवभूति)

अस्ति दक्षिणापथे पद्मपुरं नाम नगरंम् । तत्र केचित्तैत्तिरीयाः काश्यपाश्चरणगुरवः पंक्तिपावनाः पञ्चाग्नयो धृतव्रताः सोमपीथिन उदुम्बरनामानो ब्रह्मवादिनः प्रतिवसन्ति । तदामुष्यायणस्य तत्रभवतो वाजपेययाजिनो महाकवेः पञ्चमः सुगृहीतनाम्नो भट्टगोपालस्य पौत्रः पवित्रकीर्तेर्नीलकण्ठस्यात्मसम्भवः **श्रीकण्ठ**पदलाञ्छनः पदवाक्यप्रमाणज्ञो भवभूतानाम जातुकर्णीपुत्रः ।

दोहा॰

कविवर वैदर्भीय थे, तैत्तरीय था गोत्र ।
विप्र गोपाल भट्ट के, पंडित थे यह पौत्र ।। 524

(महावीरचरित)

दोहा॰

महावीर का चरित है, भवभूति रचित काम ।
नायक इस नाट्य के, महावीर श्रीराम ।। 525

छह अंकों की है कथा, मधुर छंद परिधान ।
मौलिक चिंतन से भरी, रस है वीर प्रधान ।। 526

नाटक यह भवभूति का, मनहर ध्वनि से प्रोत ।
तुलनातीत प्रसंग के, कल्पित हैं कुछ स्त्रोत ।। 527

वाल्मिकि मुनि से अलग हैं, तुलसी से भी भिन्न ।
रत्नाकर से भी कई, स्त्रोत यहाँ न अभिन्न ।। 528

रामायण पर है कथा, करके कुछ बदलाव ।
स्थानों में अदलाबदल, पात्रों के बरताव ।। 529

माल्यवान की भूमिका, नूतन है किरदार ।

षडयंत्रों का है वही, मुखिया प्रबंधकार ।। 530

वन जाना श्रीराम का, मिथिला की है बात ।
बाली रावण दूत है, करने राघव घात ।। 531

शूर्पणखा का काम है, कैकेयी का वेश ।
नई-नई सब कल्पना, इस काव्य में विशेष ।। 532

परिवर्तन के साथ ही, मूल स्त्रोत है ठीक ।
नई कल्पना का बना, रामायण यह नीक ।। 533

महावीरचरित

१.

महावीर श्रीराम

(ब्रह्मर्षि विश्वामित्र)

दोहा॰

विश्वामित्र महर्षि का, कौशिक मुनि था नाम ।
नदी कौशकी पर बना, तटस्थ उनका धाम ।। 534

सिद्धाश्रम के नाम से, थी जिसकी पहचान ।
यज्ञ-याग करते वहाँ, ऋषि मुनि संत महान ।। 535

पिशाच राक्षस यज्ञ में, सदा डालते विघ्न ।
चिंतित विश्वामित्र जी, उपाय में थे मग्न ।। 536

(राजा दशरथ)

श्लोक

एकदा मेलितुं भूपं दशरथं हि कौशिकः ।
आगतः कौशिको दिष्ट्या विश्वामित्रो महामुनिः ।।
राक्षसास्तापयन्त्यस्मान-भूपमुवाच कौशिकः ।
कुर्वन्ति यज्ञभङ्गं ते व्यथिता मुनयो भृशम् ।।
नयिष्यामि ततो रामं कर्तुं तेषां हि संतिम् ।
लक्ष्मणोऽप्यनुजोऽगच्छत्-रामेण सह कानने ।।

दोहा०

दशरथ इक दिन कक्ष में, वसिष्ठ गुरु के साथ ।
चारों पुत्र-विवाह की, करत रहे जब बात ।। 537

कौशिक मुनिवर आगये, बड़ी आस के साथ ।
बोले, रक्षा कीजिये, हमरी, कोशलनाथ! ।। 538

मुनि को दशरथ राज ने, दिया बहुत सम्मान ।
पग धोकर सेवा करी, देवेन्द्र के समान ।। 539

योगक्षेम पूछा-कहा, दीन्हे मधु पकवान ।
उन्हें पास बिठलाइके, दिया पयस का पान ।। 540

दोहा०

दशरथ बोले, क्या करूँ, सेवा तुमरी, नाथ! ।
उत्तर ना मैं ना कहूँ, मुने! शपथ के साथ ।। 541

जो भी बोलोगे वही, कर दूँगा मैं काम ।
बिना देर के आज ही, माँगो धन या धाम ।। 542

(कौशिक मुनि)

दोहा०

पा कर नृप से स्वीकृति, मुनि के मन में आस ।
नृप को प्रण में बाँध के, बुझी मुनि की प्यास ।। 543

दशरथ के शुभ वचन से, विश्वामित्र निहाल ।
सोचा, राक्षस विपिन के, होंगे सब बेहाल ।। 544

रघुकुल का ये नियम है, सदाचार की रीत ।
दिये बचन को पालना, मिले हार या जीत ।। 545

राजन को मुनि ने कहा, कृपया रखिये याद ।

दिया वचन मत तोड़ना, अब तुम इसके बाद ।। 546

लेकर नृप से बचन वो, मुनिवर बोले बात ।
मतलब आने का सुनो, दशरथ जी गणनाथ! ।। 547

हमरे वन में असुर हैं, करते अति उत्पात ।
आश्रम की हर चीज पर, करते हैं आघात ।। 548

यज्ञ ध्यान तप तोड़ते, यज्ञ कुंड को फोड़ ।
नीच बचन हैं बोलते, लाज शर्म को छोड़ ।। 549

ऋषि-मुनि जन को मारके, यज्ञ किये हैं भंग ।
तपोभूमि में आज कल, बंद भये सत्संग ।। 550

जब होता है धर्म की, हानि का संजोग ।
विघ्न हरण आवे तभी, कृष्ण कहे हैं योग ।। 551

ब्रह्मव्रती है आपका, वीर पुत्र श्री राम ।
उसको मेरे साथ दो, तभी बनेगा काम ।। 552

रघुकुल की ये रीत है, क्षात्र-धर्म का ज्ञान ।
बचन नहीं टूटे कभी, चाहे निकले प्राण ।। 553

भवभूति महाकाव्य गीतमाला, पुष्प 23
(राम विष्णु का अवतार)
स्थायी
राम विष्णु का है अवतारा, असुर निकंदन सिरजनहारा ।

म-र्म ध-ध ध- नि- धध्धर्म-ध-, रेंनिध धध-निनि रेंरेंनिधध-र्म- ।

अंतरा-1
अधम धरा पर जब-जब छाते,

प्रभु नर रूप में तब-तब आते ।

काम ये उनको लगे पियारा,

भव सागर का वही किनारा ।।

गगग मम- मम धध धध ध-ध-,
निरें रेंरें नि-ध ध- निनि निनि धधम- ।
म-म म मंमंम- धनि- धम-म-,
गग म-मम ध- निध- मम-ग- ।।

अंतरा-2

शिव शंकर है प्रलय को लाता,
ब्रह्म विधाता, विष्णु चलाता ।
राम रमैया परम सुखारा,
हरि! हरि! जिसने आर्त पुकारा ।।

अंतरा-3

राम रतन सुंदर अभिरामा,
चारु चरित सिमरूँ सियरामा ।
भजले नाम राम का प्यारा,
नर योनि नहीं मिलै दुबारा ।।

२.

राजा दशरथ

दोहा॰

सुन कर मुनिवर का कहा, दशरथ थे बेचैन ।
ना हाँ, ना ना, कह सके, छम-छम बरसे नैन ।। 554

दशरथ भौंचक्के हुए, वसिष्ठ भी हैरान ।
दशरथ ने चुप्पी धरी, आतुर मुनि के प्राण ।। 555

धीरज मुनि का छूट कर, पाये वह संताप ।
बोले, नृपवर! हाँ कहो, वरना दूँ मैं शाप ।। 556

मूर्छा खाकर गिर पड़े, दशरथ नीचे, धाँय! ।
वसिष्ठ ने जल छिड़क कर, नृप को दिया जगाय ।। 557

दशरथ बोले, माँग लो, सेना सैनिक आज ।
असुरों को वे मार के, सफल करेंगे काज ।। 558

राघव मेरा प्राण है, जीवन का आधार ।
बिना राम के मैं कभी, जीऊँ ना दिन चार ।। 559

भवभूति महाकाव्य गीतमाला, पुष्प 24

(राम तन-मन मेरे)

स्थायी

राम बसा है तन-मन मेरे, साँस वही और प्राण वही ।

म-म॑ धम॑- म- मम॑ ध॒नि॒ ध॒म॑म-, म-म॑ ध॒ध-, ध॒-म॑ नि-ध ध॒म॑-

अंतरा-1

नाम है मुख में साँझ सकारे,
राम हैं दुख में पास हमारे ।
दूर हुए जो गम थे घेरे,
अब जान वही, वरदान वही ।।

म-म॑ म॑ ध॒ध॒ ध- नि-ध धम॑-ध॒-,
म-म॑ म॑ ध॒ध॒ ध- नि॒-ध ध॒म॑-म॑- ।
म-म॑ धम- म- म॑म॑ ध॒- ध-ध॒-,
म॑म॑ म-म॑ ध॒ध-, ध॒मनि-ध धम॑-

अंतरा-2

राघव मेरी डोर सँभारे,
नाव लगे भव पार किनारे ।
दूर हुए हैं जनम के फेरे,
अभिमान वही, अभिधान वही ।।

अंतरा-3

काम मेरे सब नाम उचारे,

ज्ञान ध्यान सब उसी विचारे ।
दूर हुए अब तम के अँधेरे,
खान वही और, पान वही ।।

(विश्वामित्र)

दोहा॰

दशरथ से मुनि ने कहा, राघव वीर महान ।
दूँगा मैं श्री राम को, शस्त्र–अस्त्र का ज्ञान ।। 560

सिखलाऊँगा राम को, धनुर्वेद का तंत्र ।
नाना विध शस्त्रास्त्र के, महा गूढ जो मंत्र ।। 561

असुरों से तुम मत डरो, सुनलो मेरी बात ।
कर में धनु जब हरि धरे, डरे इन्द्र भी, तात! ।। 562

(दशरथ)

दोहा॰

दशरथ बोले राम को, कर दो मुनि का काज ।
धैर्य वीरता साथ हो, लो शुभ आशिष आज ।। 563

माताओं ने शीश पर, रख कर दक्षिण हाथ ।
दीन्हे शुभ वर प्रेम से, अति ममता के साथ ।। 564

अनुमति लेकर तात की, वन को निकले राम ।
साथ चला है लखन भी, सफल करन को काम ।। 565

(महायज्ञ)

दोहा॰

लौटे जब अति हर्ष से, आश्रम विश्वामित्र ।
संग राम–लक्ष्मण लिए, दशरथ नृप के पुत्र ।। 566

आयोजन निश्चित किया, महायज्ञ सत्कृत्य ।

जनक राज मिथिलेश भी, आमंत्रित थे स्तुत्य ।। 567

भेजा नृप मिथिलेश ने, अनुज कुशध्वज भूप ।
सीता एवं उर्मिला, बहनें देवी रूप ।। 568

मुनिवर विश्वामित्र ने, स्वागत किया महान ।
राम-लखन ने मान से, उनको किया प्रणाम ।। 569

राम-लखन को देख कर, कुशध्वज थे संतुष्ट ।
सीता एवं उर्मिला, दोनों थीं आकृष्ट ।। 570

<u>भवभूति महाकाव्य गीतमाला, पुष्प</u> 25

दादरा ताल

श्री राम दशरथ संवाद की कथा

स्थायी

गीत शारद ने मंजुल है गाया, साज नारद मुनि ने बजाया ।
रत्नाकर से है मंगल रचाया, रामायण को है सुंदर सजाया ।।

म-ग म-म- म प-म- ग म-प-, रे-ग म-म- मध- प- मग-म- ।
रेगम-म म- म ध-प- गम-प-, रे-ग-म- म- म ध-प- मग-रे- ।।

अंतरा-1

लेके मंगऽल आशीष माँ के,
राम सीता लखन सिर नवाके ।
आए तीनों चरण में पिता के,
धीरे-धीरे पिता को जगाया ।।

सांसां नि-रें-सां ध-नि-ध प- म-,
सां-सां नि-रें- सांधध निनि धप-म-
मग म-म- मपप म- गम- प-,
रेग म-म- मध- प- मग-रे-

अंतरा-2

बोले दशरथ, अरे राम प्यारे!

तेरे कारज सफल होवे सारे ।
बेटा लछमन! तुम्ही सच्चे भ्राता,
सीते रानी! तू आदर्श जाया ।।

अंतरा–3

कब मिलोगे पुनः, तुम पियारे!
अब नहीं हैं भरोसे हमारे ।
मैंने सबको दुखों में है डाला,
"लो विदा!" कहके फिर ग्लानि पाया ।।

३.

अहल्योद्धार

दोहा०

महायज्ञ के बाद में, लौट रहे जब राम ।
कुशध्व नृप के साथ में, कौशिक मुनि के धाम ।। 571

आते–आते राह में, सब ने सुनी पुकार ।
"मेरे प्रभु श्रीराम जी, करियो मम उद्धार!" ।। 572

किसकी ये आवाज है, कौन दुखी है दार ।
सब ने देखा गौर से, दिखी न कोई नार ।। 573

पड़ा हुआ उस राह में, दिखा उन्हें पाषाण ।
शब्द वहीं से आ रहे, जान गए श्रीराम ।। 574

महास्त्रग्धरा छन्द

। । ऽ, ऽ ऽ ।, ऽ ऽ ।, । । ।, । । ऽ, ऽ । ऽ, ऽ । ऽ, ऽ

(अहल्योद्धार)

पति के दुःशाप से पत्थर बन कर देवी अहल्या पड़ी थी ।
तन मिट्टी से ढका जीर्ण वसन सब काया झुराई बड़ी थी ।।
वन में श्री राम का आगमन, परम उद्धार की वो घड़ी थी ।
हरि श्री का हाथ छूते उठ कर मुदिता हस्त जोड़े खड़ी थी ।।

श्लोक

अशप्यद्गौतमः पत्नीं क्रोधेन कुपितो यदा ।
अहल्या गौतमी देवी दुःशापेनाभवच्छिला ।।
आतपे सा च वर्षायां धूलीमलेन व्यावृता ।
अरटद्रामरामेति दुःखिता सा पतिव्रता ।।
अस्पृशयद्धि यदा रामो दुःखितां तां पतिव्रताम् ।
शिलायाः साऽभवन्नारी पुनः पुण्या तपस्विनी ।।

(गौतम ऋषि)

दोहा॰

चलते-चलते राह में, मुनिवर बोले, राम! ।
कथा अहल्या की सुनो, देवी सती महान ।। 575

एक बिराने स्थान में, कौशिक मठ की ओर ।
गौतम ऋषि का वास है, उस अरण्य में घोर ।। 576

गौतम तुनक मिजाज हैं, रोक न पाते क्रोध ।
पत्नी की हर बात का, करते सदा विरोध ।। 577

मुद्गल मुनिवर की सुता, गौतम मुनि की दार ।
सती अहल्या साधवी, पतिपरायणा नार ।। 578

गौतम ऋषि हैं संशयी, उनके मन संदेह ।
इक दिन बोले दार को, अछूत तेरा देह ।। 579

इन्द्र देव ने है किया, तेरा आदर भंग ।

छूऊँगा मैं अब नहीं, मलीन तेरा अंग ।। 580

पत्नी ने उनको कहा, करो न तुम अविचार ।
मैं हूँ नार पतिव्रता, मुझे आप से प्यार ।। 581

गौतम ऋषि माने नहीं, उनके मन संताप ।
भ्रम वश अपनी दार को, दीन्हा कटुतम शाप ।। 582

पत्नी को उस मूढ़ ने, मठ से दिया खदेड़ ।
बोला, आश्रय के लिये, लो अब तुम वह पेड़ ।। 583

पड़ी रहो पत्थर बनी, सदा वहाँ दिन-रात ।
आतप वर्षा वात से, छीजे तेरे गात ।। 584

खाने पीने के बिना, करो वहीं उपवास ।
धीमी तेरी साँस हो, सूखे मज्जा माँस ।। 585

तेरे पत्थर देह को, जब छूएँगे राम ।
तभी तुम्हें निःशाप हो, फिर आना मम धाम ।। 586

राह तको निश-दिन वहाँ, जब तक आवें राम ।
पड़ी रहो तब तक वहाँ, बिना किये आराम ।। 587

सुन कर दारुण वह कथा, लछमन बोले, भ्रात! ।
चलिये अहल्या मातु को, विमुक्त करिये, तात! ।। 588

 भवभूति महाकाव्य गीतमाला, पुष्प 26

(अहल्योद्धार)

स्थायी

प्रभु विनय सुनो देवा, उद्धार करो मेरा ।

♪ सारे गपप पध- पगप-, ग-प-प धप- पमग- ।

अंतरा-1

मेरी जान फँसी दुख में, आवाज नहीं मुख में ।
हिरदय से पुकारूँ में, इन्तजार करूँ तेरा ।।

♫ गरे सा–रे रेग– पप ध–, सां–रें–सां निध– पप ध– ।
धपमम रे सारे–ग– म–, गगप–प पध– पमग– ।।

अंतरा–2

एक शाप की माया है, शिला बनी काया है ।
इक स्पर्श की है आसा, हरि! हस्त लगे तेरा ।।

अंतरा–3

कब आओगे, रामा! जपु निश–दिन तव नामा ।
मन में बस तू ही है, मैं नाम भजूँ तेरा ।।

<u>भवभूति महाकाव्य गीतमाला, पुष्प</u> 27

(हरे! हरे!)

स्थायी

भज ले श्यामा, भज ले रामा,
निश–दिन भज ले, हरे! हरे! ।
जीवन बीता जात है, प्यारे! पछतावेगा, अरे! अरे! ।।

♫ रेनि़ रे– ग–ग–, मंग रे– ग–ग–
सारे गग पमं गरे, मंग–! रेसा–
प–मंध प–प– नि–ध प, मं–प–, धपमंप–ग–, मंग–! रेसा–

अंतरा–1

देर करे तो, सपने तेरे,
रह जावेंगे, धरे धरे ।

प–मं धप– प–, निधप– मं–प–!
धप मं–ध–प–, मंग–! रेसा–!

अंतरा–2

हरि किरपा से, सींच ले बगिया,
कर ले जीवन, हर भरे ।

अंतरा–3

रान नाम के, चुग ले मोती,
अनमोले हैं, खरे खरे ।

अंतरा–4

हरि चरणन की, शरणन ले ले,
विपदा तेरी, टरे टरे ।

भवभूति महाकाव्य गीतमाला, पुष्प 28

खयाल : राग जोगिया

(अहल्या)

स्थायी

बिन आँसू मन रोये, मोरा दुख जग जान न पाये ।

पनि धपमध पम गपमगरेरेसा–, पनिधप मध पम गप म गरेरेसा–

अंतरा

जीवन नैया उसी किनारे, भँवर गहन है, दूर किनारे ।
केवट काहे देर लगावे, मोहे भव तरसाये ।।

सा–सारे म–म– मपग गमपप–
मधध धधध धप, म–ध पम–ग–

दोहा॰

राघव के पग स्पर्श से, मिला उसे उद्धार ।
शुष्क त्वचा कोमल हुई, मुख पर तेज निखार ।। 589

गिरी चरण पर राम के, पद रज लाग्यो भाल ।
बोली, दो कर जोड़के, तुम हो, प्रभु! किरपाल ।। 590

भवभूति महाकाव्य गीतमाला, पुष्प 29

(अहल्या)

स्थायी

तेरे चरण के छूते, मुक्ति मुझे मिली है ।
श्री राम तेरी किरपा, किस्मत मेरी खिली है ।।

सा–म– पध॒ध॒ नि॒ ध॒-प–, म-म– पध॒– पम– ग॒–
ग॒– म-प ध॒-प म॒ग॒रे–, रे-ग॒ग॒ मप– म॒ग॒रे सा–

अंतरा–1

पत्थर बनी पड़ी थी, मेरी घड़ी अड़ी थी ।
पावन तेरे चरण से, बद किस्मती टली है ।।

म–मम पध॒– पमग॒ म–, म-प– ध॒नि॒– ध॒प– म–
सा-रेरे ग॒म– पमग॒ रे–, ग॒ग॒ म-पम– ग॒रे– सा–

अंतरा–2

पुलकित मेरा बदन है, मंगल हुआ है जीवन ।
अमृत बना हलाहल, दुष्कर घड़ी ढली है ।।

अंतरा–3

फिर से मेरा जनम ये, निर्मल मेरे करम हैं ।
कहे राम से अहल्या, करुणा तेरी भली है ।।

(गौतम ऋषि)

दोहा०

गौतम ऋषि ने जब सुना, पत्नी का उद्धार ।
आये राघव पास वे, कहने को आभार ।। 591

पड़े राम के चरण में, पहिचानी निज भूल ।
बोले, भ्रम वश दार को, दीन्हा मैंने शूल ।। 592

कृपा करो श्री राम जी, हर लो मेरे पाप ।
निज पातक को सोच कर, लज्जित हूँ मैं आप ।। 593

राघव ने मुनि से कहा, क्रोध बुरी है बात ।
काम क्रोध ना हो कभी, ना हि शाप आघात ।। 594

धर्मचारिणी दार हो, प्राण प्रिया सुखभाग ।

सत्य-धर्म से ब्याह कर, ना हो उसका त्याग ।। 595

तजो न सुत सुद कभी, पिया बंधु पति मात ।
तजो न पत्नी क्रोध में, न शाप की बरसात ।। 596

दोष द्रोह छल से परे, रोष क्रोध से दूर ।
शाप ताप तम को तजो, बनो न शठ मगरूर ।। 597

दया क्षमा सुख-शाँति से, गले लगाओ दार ।
नीर क्षीर सम एक हो, सुखी करो संसार ।। 598

धर्म कर्म की बात वो, सुन कर मुनि को लाज ।
बोले गौतम राम को, हुआ त्राण मम आज ।। 599

(कुशध्वज भूप)
दोहा०
लख कर यह श्री राम का, दैवी महिमा रूप ।
सिया प्रभावित हो गई, तथा कुशध्वज भूप ।। 600

मन ही मन नृप सोचते, अगर मिले श्रीराम ।
सीतापति के रूप में, बढ़िया होगा काम ।। 601

कहाँ मिलेगा वीर जो, तेजस्वी सम राम ।
ईश कृपा से है मिला, दशरथसुत अभिराम ।। 602

ठान लिया तब भूप ने, मन में यही विचार ।
सिया नाथ राघव बने, रघुवर अवधकुमार ।। 603

४.

ताड़का वध

दोहा०

उसी समय इक आगया, सेवक असुर स्वभाव ।
रावण-सीता ब्याह का, लाया वह प्रस्ताव ।। 604

रावण के प्रस्ताव से, आया सब को क्रोध ।
समझ न पाए क्या करें, कैसे लें प्रतिशोध ।। 605

मुनिवर-कुशध्वज-लोग सब, बहुत हुए हैरान ।
उत्तर क्या दें असुर को, उचित न पाए जान ।। 606

(कोलाहल)

दोहा०

उस पल ऋषियों का मचा, भागो! भागो! शोर ।
नाम जिसे था ताड़का, दुष्ट आसुरी घोर ।। 607

महा दुष्ट है ताड़का, तीखे उसके दाँत ।
विशाल काया आसुरी, जीवित नर पशु खात ।। 608

सुत हैं सुबाहु मारिची, छल में उसके साथ ।
पाप कर्म में हैं लगे, नित तीनों के हाथ ।। 609

रक्त पिपासु अधम हैं, अत्याचारी ढीठ ।
ऋषि-मुनियन को मार कर, ध्वस्त यज्ञ के पीठ ।। 610

यज्ञ कर्म सब बंद थे, नष्ट पुण्य के कर्म ।
खंडित पूजा पाठ भी, छाया घोर अधर्म ।। 611

श्लोक

हत्वाऽवध्यं हि यत्पापं शास्त्रेषु विदितं ननु ।
वध्यं तदेव चाहत्वा पातकं कथितं तथा ।।

(नीति)

दोहा॰
जान बूझ कर झेलता, जो पापी का पाप ।
पातक साँझेदार वो, पापी जाना आप ।। 612

शास्त्र कहत हैं पाप जो, निरपराध को मार ।
वही पाप निर्दिष्ट है, अपराधी को तार ।। 613

नारी कोई ना कहीं, इतनी पापन दुष्ट ।
जितनी पामर ताड़का, मति जिसकी है भ्रष्ट ।। 614

नर हो, या नारी, रघो! जो है पापी स्पष्ट ।
पापी को जो दंड दे, क्षात्र वही है इष्ट ।। 615

(राघव)

दोहा॰सुन कर विश्वामित्र के, वचन नीति अनुसार ।
राघव ने मुनि से कहा, तुमरे सत्य विचार ।। 616

मुनिवर! सच है ताड़का, दुष्ट विषैली नार ।
घड़ा भरा है पाप से, उसे मृत्यु अधिकार ।। 617

यदि दुष्टा हम पर करें, आक्रमणों का पाप ।
आत्मत्राण अधिकार है, मिलता हमको आप ।। 618

वसिष्ठ गुरु का छात्र मैं, क्षात्र-धर्म में वीर ।
मारूँगा मैं ताड़का, एक चला कर तीर ।। 619

बोले मुनिवर, ताड़के! रघुकुल बीरन साथ ।
किस बल शर तुम आगयी, करने दो-दो हाथ ।। 620

मुनि फिर बोले, रामजी! छोड़ो अपना तीर ।
मारो शर से ताड़का, अनुमति है, रघुवीर! ।। 621

अच्छा! कह कर राम ने, छोड़ा शिव का बाण ।
दय छिन्न करके तभी, लीन्हे उसके प्राण ।। 622

दूजे शर से लखन के, भया सुबाहु ढेर ।
तीर तीसरा लखन का, मारिच रखा उधेड़ ।। 623

डरा राम से मारिची, गया विपिन को छोड़ ।
दंडक वन में जा बसा, फिर से धीरज जोड़ ।। 624

मारिच ने लंकेश को, बतलाया सब हाल ।
रावण बोला मैं उन्हें, हनूँ बिछा कर जाल ।। 625

श्लोक

ऋषयो मुनयाः सर्वे सिद्धाश्रमे प्रफुलिताः ।
अवर्षन्नाशिषा रामे विश्वामित्रश्च हार्दिकाः ।।

कृत्वा रामस्य सम्मानं विश्वामित्रेण सादरम् ।
दत्तं रामाय विज्ञानं शस्त्रास्त्राणां हि तान्त्रिकम् ।।
विश्वामित्रो महाज्ञानी युद्धकलाविचक्षणः ।
मन्त्रतज्ज्ञो धनुर्विज्ञः शस्त्रास्त्राणां सुपण्डितः ।।
महागूढान्महाश्रेष्ठान्-महातन्त्रान्समासतः ।
विश्वामित्रः स रामाय चत्वारिंशदशिक्षत ।।
दण्डचक्रं च वज्रास्त्रं ब्रह्मास्त्रं वारुणायुधम् ।
धर्मचक्रं च सौरास्त्रं सौम्यास्त्रं शिशिरायुधम् ।।
त्वाष्ट्रास्त्रं धर्मपाशं च क्रौञ्चास्त्रं परमायुधम् ।
वायव्यास्त्रं पिनाकास्त्रं ब्रह्मशिरास्त्रमैषिकम् ।।
कङ्कालास्त्रं च सत्यास्त्रं विष्णुचक्रसुदर्शमन् ।
अग्न्यस्त्रं मुसलास्त्रं च मोहास्त्रं कङ्कणायुधम् ।।

इन्द्रचक्रमहावज्रं कालचक्रं सुदामनम् ।
मोदकीशिखरीशस्त्रं शोषणास्त्रं विलापनम् ।।
शूलास्त्रं मानवास्त्रं च कालपाशं च सौमनम् ।
हयशिशरायुधं चण्डं घोरं मायाधरायुधम् ।।
मदनं संवरास्त्रं च चक्रप्रस्थापनायुधम् ।
वज्रतेजप्रभाशस्त्रं नारायणायुधं तथा ।।

दोहा॰
करके विश्वामित्र ने, राघव का सम्मान ।
दिया उन्हें शस्त्रास्त्र का, मंत्र तंत्र विज्ञान ।। 626

मुनिवर विश्वामित्र थे, युद्ध कला के ईश ।
मुनि ने राघव को कहे, शस्त्र सूत्र चालीस ।। 627

(चालीस धनुर्वेद सूत्र)

दोहा॰
दंडचक्र के गुण सभी, वज्र अस्त्र का योग ।
ब्रह्म अस्त्र का मंत्र भी, वारूणास्त्र प्रयोग ।। 628
धर्मचक्र का भेद भी, सौरास्त्र का प्रहार ।
सौम्यास्त्र का रहस्य भी, शिशिरायुध का मार ।। 629
त्वष्ट्र अस्त्र का गौप्य भी, धर्मपाश का मंत्र ।
क्रौंच अस्त्र की शर कला, परमायुध का तंत्र ।। 630
वायव्यास्त्र प्रक्षेप भी, ऐशिकास्त्र का योग ।
पिनाकास्त्र कैसे चले, कंकालास्त्र प्रयोग ।। 631
वर्णन ब्रह्मशिरास्त्र का, सत्य अस्त्र विज्ञान ।
विष्णुसुदर्शन चक्र भी, अग्नि अस्त्र का ज्ञान ।। 632
मूसलास्त्र की साधना, मोह अस्त्र का पाश ।
कंकणास्त्र प्रताड़ना, इन्द्रचक्र से नाश ।। 633
कालचक्र उत्क्षेपना, सुदामनायुध बोध ।

मोदकीशिखरी तथा, शोषणास्त्र प्रतिशोध ।। 634
कालपाश को फेंकना, विलापनास्त्र प्रपात ।
मानवास्त्र को छोड़ना, सौमनास्त्र आघात ।। 635
हयशिरास्त्र प्रयोग भी, शूलास्त्र का निपात ।
मायाधरास्त्र कैसे चले, मदनास्त्र का प्रताप ।। 636
चक्रप्रस्थापनास्त्र भी, संवरास्त्र संबोध ।
वज्रतेजप्रभास्त्र भी, नारायणास्त्र बोध ।। 637

भवभूति महाकाव्य गीतमाला, पुष्प 30

(खुशी का गीत)

स्थायी

आज खुशी से गीत गाइये, राम मिलायो जीत है ।
आओ मिल कर मोद मनाएँ,
हरि भजन संगीत, रे ।।

मं-ध पमं- ग- मं-ध प-मंग-, रे-रे रेग-मं- प-मं ग- ।
सा-सा रेरे गग- मं-ध पमं-ग-
सासा रेगग मं-ग-रे, सा-

अंतरा-1

राम चंद्र की कृपा सुगम से,
कष्ट हमारे नष्ट हैं ।
एक बाण से मरी ताड़का,
मरा सुबाहु दुष्ट, रे ।।

सा-रे ग-ग ग- मंध- पमंमं ग-
मं-प धनि-ध- प-मं ग-
सा-रे ग-ग ग- मंध- प-मंग-
सारे- गमं-मं- ग-रे, सा-

अंतरा-2

चाहे किसी का काम हो बिगड़ा,
नसीब चाहे फूटा हो ।

110

हरि के दर पर जो भी आता,

फल पाता वो मीठा, रे ।।

अंतरा–3

चाहे नर या नारी कोई,

भिखारी या धनी अपार हो ।

हरि की शरण में जो भी आता,

बेड़ा उसका पार, रे ।।

अंतरा–4

प्रीत प्रभु से जोड़लो भगतों,

कह गये मुनिवर सूत हैं ।

माँगलो मन का मीत कोई,

मांगलो सोना पूत, रे ।।

(कुशध्वज जी)

दोहा०

शौर्य राम का देख कर, कुशध्वज थे संतुष्ट ।

बोले, शर से एक ही, मारी असुरा दुष्ट ।। 638

उन्हें दिख गया सामने, निःसंदेह प्रमाण ।

राघव सीता के लिए, एक योग्य है नाम ।। 639

और उन्हों ने तै किया, पीले करने हाथ ।

ब्याह करेगी उर्मिला, लखन लला के साथ ।। 640

५.

शिवधनु

दोहा०

मुनिवर विश्वामित्र ने, कहा – कुशध्वज नाथ! ।
स्मरण करो शिव धनुष का, एक चित्त के साथ ।। 641

जभी कुशध्वज भूप ने, कीन्हा शिवधनु याद ।
प्रकट शिवधनु होगया, करके अनहद नाद ।। 642

ज्यों ही धनु को राम ने, उठा लिया अनयास ।
टूटा दैवी धनुष वो, किए बगैर प्रयास ।। 643

अचरज से वह देख कर, साक्षात् चमत्कार ।
निश्चय कुशध्वज ने किया, रचने विवाह चार ।। 644

सिया उर्मिला मांडवी, श्रुतकीर्ति पति योग्य ।
राघव लक्ष्मण भरत औ, शत्रुघ्न हैं सुयोग्य ।। 645

नृप ने विश्वामित्र से, कह कर मन की बात ।
मिथिलापुर में आगए, सबको लेकर साथ ।। 646

(माल्यवान)

दोहा॰

माल्यवान ने जब सुनी, असुरों की वह हार ।
शूर्पणखा के साथ फिर, करने लगा विचार ।। 647

उतने में ही आगया, और दूसरा काम ।
परशुराम का पत्र था, माल्यवान के नाम ।। 648

(परशुराम)

दोहा॰

माल्यवान को पत्र में, बोले परशुराम ।
मित्र हमारे तुम अगर, करो एक तुम काम ।। 649

दंडक वन में स्वैर हैं, विराध और कबंध ।
ऋषि-मुनियों को मार कर, यज्ञ किए हैं बंद ।। 650

उनको तुरंत रोक लो, तभी मित्र हैं हम ।
वरना क्या होगा बुरा, सोच सको ना तुम ।। 651

(माल्यवान)

दोहा॰

पढ़ कर उस संदेश को, माल्यवान हैरान ।
उसने कीन्ही योजना, कपटी बेईमान ।। 652

उत्तर में उसने लिखा – "परशुराम भगवान्! ।
शिवजी के तुम भक्त हो, सबसे श्रेष्ठ महान ।। 653

"शिवधनु तोड़ा राम ने, घोर हुआ अपमान ।
इस दुःसाहस का मिले, उसको दुष्परिणाम ।। 654

"जनकपुरी में राम है, कौशिक मुनि के साथ ।
क्षमा न उसको कीजिए, यद्यपि जोड़े हाथ" ।। 655

यों भड़काया जब उन्हें, बोले परशुराम ।
मारूँगा मैं राम को, जाकर मिथिला धाम ।। 656

(जनकपुरी में)

दोहा॰

जनकपुरी में आगए, परशुराम तत्काल ।
बोले राघव है कहाँ, मैं हूँ उसका काल ।। 657

समझाया नृप जनक ने, धीरज से लो काम ।
शतानंद ऋषि ने कहा, करने को आराम ।। 658

वशिष्ठ गुरुवर ने कहा, हो जाने को शांत ।
बोले विश्वामित्र भी, करो न तुम आकांत ।। 659

पारा परशुराम का, चढ़ा छोर से पार ।

फरसा उठाय राम को, वहीं डालने मार ।। 660

दशरथ जी ने तब उन्हें, रोका शिव के नाम ।
सुन कर शिव के नाम को, सहमे परशुराम ।। 661

(श्रीराम)

दोहा॰

आगे परशुराम जी, भार्गव खड़े निहार ।
बोले राघव जी उन्हें, क्या है ध्येय तिहार ।। 663

क्रोध तिहारा क्यों, प्रभो!, इतना क्यों उत्पात ।
लाल तिहारा वदन है, आखिर क्या है बात ।। 664
क्षत्रियमर्दन मैं बना, बोले परशुराम ।
तोड़ा तुमने शिव–धनु, अब न बचोगे, राम! ।। 665

इक्कीस बेरी मैं किये, क्षत्रिय योद्धा ढेर ।
बारी तुमरी आगयी, राघव! अब की बेर ।। 666

भार्गव से हरि ने कहा, सुनिये होकर शाँत ।
इतना क्रोध अयोग्य है, उचित नहीं आक्रांत ।। 667

होकर तुम पंडित, सखे! अनुचित तुमरी बात ।
मैं धनु यदि मम तान दूँ, पछताओगे, तात! ।। 678

इतना कह कर राम ने, बिना किये अपमान ।
परशुराम के हाथ से, छीनी शार्ङ्ग कमान ।। 679

बोले राघव प्रेम से, भार्गव को सुखबात ।
लौटो तुम अब शाँति से, भला इसी में, तात! ।। 680

ताना धनु जब शार्ङ्ग वो, भार्गव पर श्रीराम ।
सहमे परशूराम जी, लिया शाँति से काम ।। 681

बोले, वापस मैं चला, लौटूँगा नहिँ, राम! ।
जाओ सुख से अवध को, कुशल बने तव काम ।। 682

६.
शूर्पणखा

दोहा॰
मिली खबर जब राम के, अद्‌भुत यश की बात ।
माल्यवान को दुख हुआ, चिंता उसको खात ।। 683

नई बनी फिर योजना, शूर्पणखा के साथ ।
शह देकर श्री राम को, करने उन्हें अनाथ ।। 684

(योजना)

दोहा॰
कैकेयी को थे दिए, दशरथ ने वरदान ।
उनका लाभ उठाइये, परास्त करने राम ।। 685

कैकेयी की सेविका, कुब्ज मंथरा नाम ।
जनकपुरी है जा रही, कुशल जानने क्षेम ।। 686

प्रवेश करके देह में, करो मंथरा मुग्ध ।
दो वर वाली बात से, रघुकुल कर दो दग्ध ।। 687

सीता का वनवास में, कर लेंगे अपहार ।
बाली के कर राम को, डालेंगे हम मार ।। 688

(मंथरा, जनकपुरी में)

दोहा॰
कैकेयी को मंथरा, बोली वर की बात ।
दोनों वर अब माँग कर, करो शब्द आघात ।। 689

पहले वर से भरत को, मिले अवध का राज ।
दूजे से राघव सिया, जाएँ वन को आज ।। 690

चौदह वर्ष न लौट कर, आए घर श्रीराम ।
लछिमन उनके साथ हो, दंडक में हो धाम ।। 691

सुन कर कटुतम वचन वे, दशरथ पाए ग्लान ।
जनक राज मिथिलेश भी, पाए उस पल म्लान ।। 692

<u>भवभूति महाकाव्य गीतमाला, पुष्प</u> 31

राग बिलावल, कहरवा ताल 8 मात्रा

(छंद चौपाई)

दोहा॰

राम-सिया वन को चले, लखन लला है साथ ।
मातु-पिता गृह को तजे, धन्य-धन्य रघुनाथ ।।

नि-नि निनि- निनि सां- निसां-,
निनिनि निनि- रेंसां सां-सां
नि -नि निनिप पप पग- परे-,
ग-ग परे-रे रेसासा-सा

स्थायी

चंदन तिलक सुमंगल माथे,
चंदन तिलक सुमंगल माथे ।
दशरथ नंदन राम सुहाते ।
श्री राम जय राम जय जय रामा,
जय राम-सिया राम जय जय रामा ।।
जय राम-सिया राम, सियाराम जय जय रामा ।।

अंतरा-1

शीश जटा कटि वल्कल धारे,

कानन कुंडल नयन लुभाते ।
जय राम-सिया राम, सियाराम जय जय रामा ।।

अंतरा-2

मुख मंडल पर हास्य बिराजे,
विघ्न कष्ट कछु नाहि दुखाते ।

अंतरा-3

वीर धनुर्धर धीरज धारी,
संकट मोचन राम कहाते ।

अंतरा-4

राम रमैया भव की नैया,
राम–नाम नर को हरसाते ।

अंतरा-5

राम सहारे, राम किनारे,
राम–नाम सब दुख बिसराते ।

अंतरा-6

भीषण पाप मनुष के जेते,
राम–नाम से सब छुट जाते ।

अंतरा-7

राम-सिया संग लछमन सोहे,
लखन लला सब जन को भाते ।

अंतरा-8

राज काज सुख तज कर सारे,
मातु–तात के बचन निभाते ।

अंतरा-9

सिया संग प्रभु वन में बिराजे,
भगतन राम चरित शुभ गाते ।

अंतरा-10

वाह वाह रे दशरथ राजा!

धन्य-धन्य कौशल्या माते! ।

दोहा॰

दीन-दयाला आप हैं, करुण कृपालु राम! ।

कौशल्या सुत, हे सखे! पाहि पाहि रे माम् ।।

नि-नि निनि-नि- सां-नि सां-, निनिनि निनि-रेंसां सां-सां

नि-नि-निप पप-, ग- परे-! ग-ग प-रे रेसा सा-सा

दोहा॰

राम-सिया वन को चले, साथ लखन है भ्रात ।

पीछे-पीछे भरत भी, चला उन्हीं के साथ ।। 693

मगर उसे श्रीराम ने, दिया उचित उपदेश ।

बोले, लौटो भरत तुम, अब तुम हो अवधेश ।। 694

दोहा॰

राघव बोले भरत को, करो नीति से काज ।

ऊँचा रघुकुल नाम हो, सत्य-धर्म से राज ।। 695

मन में क्लेश न भेद हों, क्षमा करो अपराध ।

विरह सतावे ना तुम्हें, कभी आज के बाद ।। 696

अटल मेरा संकल्प है, वन में चौदह वर्ष ।

रहूँ यथा प्रण है किया, तभी मुझे हो हर्ष ।। 697

दोहा॰

हरि के आगे हार के, बोला भरत सुजान ।

पादुक अपने, हे प्रभो! मुझको दो, श्रीराम! ।। 698

आसन पर इनको रखूँ, नृप मैं इनके नाम ।

शासन, राघव! मैं करूँ, जाकर नंदीग्राम ।। 699

राह तिहारी मैं तकूँ, राघव! चौदह वर्ष ।
तुम ना यदि लौटे तभी, जल जाऊँ सह हर्ष ।। 700

तथास्तु लेकर राम से, निकला भरत कुमार ।
आया लौटा अवध में, सिर पर पादुक धार ।। 701

(भील राजा गुह निषाद)

दोहा॰

राघव वन को जा रहे, सिया लखन हैं साथ ।
श्रृंगेवरपुर आगए, सीतापति रघुनाथ ।। 702

श्रृंगेवरपुर में मिला, उनको निषाद राज ।
बोला वह श्रीराम को, करो प्रभो! मम काज ।। 703

असुरों से हम तंग हैं, दुख में भील समाज ।
मुक्त किया श्रीराम ने, गुह निषाद को आज ।। 704

गुह ने फिर श्रीराम को, कीन्हा गंगा पार ।
गुह को राघव ने कहा, बहुत बहुत आभार ।। 705

भवभूति महाकाव्य गीतमाला, पुष्प 32

(हे केवट!)

स्थायी

नैया ठीक चलाना भैया,
नाव में तेरी, राम रमैया ।

म–म– ध–प मग–रेसा रेगम–,
ग–ग ग म–म–, धपम गरे–ग–

अंतरा–1

प्रभु निकले हैं पुण्य करम को,
पूरण करने क्षात्र धरम को ।
छूते हरि के चरणन जल को,

शाँत हो गयी गंगा मैया ।।

सासा रेरेग– रे– प–म गरेरे ग–,
रेगग मगगरे– प–म गरेरे सा–
नि–ध पम– प– ममगग मम प–,
सा–रे सा– रेग– प–मग रे–ग–

अंतरा–2

आज सरित् के भाग्य हैं जागे,
चरण प्रभु के जल को लागे ।
स्वागत करने खड़े हैं आगे,
नारद शंकर कृष्ण कन्हैया ।।

अंतरा–3

सुविमल नीला गंगा जल है,
विशाल शुचि शीतल निर्मल है ।
बीच धार में चली है नैया,
देख के मनवा नाचे थैया ।।

अंतरा–4

जल पर फूल हैं लाल कमल के,
रवि चमकाए रंग सलिल के ।
जल में मछली नक्र कछुए,
बहुत बड़े हैं, दैया! दैया! ।।

७.

वीर जिटायु

दोहा०
गंगा लाँघे चल पड़े, चित्रकूट की ओर ।

जहाँ हुआ वनवास का, सबसे पहला ठौर ।। 706

अगस्त्य मुनिवर आगए, मिलने को रघुनाथ ।
आलाप हुआ कर्तव्य का, धर्म भाव के साथ ।। 707

मुनिवर बोले राम को, धर्म-कर्म के नाम ।
दंडक में जाकर बसो, पंचवटी हो धाम ।। 708

(अत:)

दोहा॰

चित्रकूट को छोड़ कर, दंडक आए राम ।
सीता जैसी चाहती, कुटी बनी अभिराम ।। 709

इक दिन आयी राक्षसी, शुर्पणखा था नाम ।
प्रेम जताने राम से, मन पर उसके काम ।। 710

काटे उसके लखन ने, कान नाक अरु ओठ ।
खायी भीषण राक्षसी, अहंकार पर चोट ।। 711

बदला लेने के लिए, खर-दूषण ने घोर ।
किया आक्रमण राम पर, किए भयानक शोर ।। 712

खर-दूषण को राम ने, शर से डाला मार ।
सुन कर, रावण राम का, बना शत्रु खूँखार ।। 713

बदला लेने के लिए, रावण खेला खेल ।
अपत सीता को किया, वायुयान में ठेल ।। 714

(जटायु)

दोहा॰

उसी समय पर गगन में, लिए राम का नाम ।
जटायु खग था जा रहा, वापस अपने ग्राम ।। 715

मिलने अपने बंधु से, गया हुआ खगराज ।
संपाति से बात कर, लौट रहा था आज ।। 716

जटायु का कुल नम्र था, दशरथ जी का दास ।
राम दरस की थी उन्हें, बहुत समय से आस ।। 717

उड़ते उड़ते भूमि पर, दिखे उसे श्रीराम ।
मृग के पीछे भागते, स्वर्ण रंग अभिराम ।। 718

पीछे–पीछे राम के, लखन तान कर तीर ।
खोज रहा था राम को, नैनन उसके नीर ।। 719

उधर दिखी उसको कुटी, श्रीराम की ललाम ।
एक भिक्षु था जा रहा, कुटिया में खलकाम ।। 720

घण दो में उसको दिखा, सीता का अपहार ।
वायुयान में बैठ कर, भगा रहा है नार ।। 721

जाना खग ने तुरत ही, रावण का है काम ।
बढ़ा जटायु उसी तरफ, करने को नाकाम ।। 722

(मगर)

दोहा॰
जटायु था यह जानता, रावण है बलवान ।
रोक न पाऊँगा उसे, ले लेगा वह जान ।। 723

नारी रक्षा धर्म है, सबसे पावन काम ।
अगर अभी मैं ना लडूँ, हुँगा मैं बदनाम ।। 724

आने वालीं सब पिढ़ी, करे न मुझ मुझको माफ ।
कह देगी कायर मुझे, दिखता मुझको साफ ।। 725

(अत:)

दोहा॰

सुन सीता का चीखना, "मुझे बचाओ नाथ!" ।
जटायु मुड़ कर आगया, शीघ्र वेग के साथ ।। 726

आया जब खग वीर वो, वायुयान के पास ।
देखी उसने जानकी, रोती हुई उदास ।। 727

जटायु ने लंकेश को, बोला स्त्री को छोड़ ।
पर नारी को छेड़ना, पाप बहुत है घोर ।। 728

रावण बोला विहग को, करता हूँ मैं पाप ।
क्या दुख है इससे तुझे, अपना रस्ता नाप ।। 729

खग को सीता ने कहा, मुझे छुड़ाओ, मीत! ।
रोको इसके यान को, इसे सिखाओ नीत ।। 730

श्लोक

जटायुर्धार्मिको धीरो रघुकुलस्य सेवकः ।
नारीरक्षा प्रणस्तस्य जटायुः खगमानवः ।।
जटायुर्विहगो वीरो गच्छनासीद्यदा गृहे ।
सीतायाः क्रन्दनं श्रुत्वा विमाननिकषाऽऽगतः ।।
उवाच रावणं पक्षी कथं नयसि तां बलात् ।
अबलापीडनं पापं मुञ्च तां महिलां सखे ।।
रावणो योद्धुमारब्धः खड्गेन पक्षिणा सह ।
जटायुरपतद्भूमौ–आहतो लिप्तशोणितः ।।

दोहा॰

लख कर रोती नार को, भया जटायु लाल ।
झपट पड़ा लंकेश पर, नोचा उसका गाल ।। 731

रावण ने तलवार से, कीन्हा उस पर वार ।

हुए विहंग जटायु पर, बारंबार प्रहार ।। 732

लड़े परस्पर गगन में, दोनों क्रोध सवार ।
जटायु नख, पर, चंचु से, रावण शर, तलवार ।। 733

(रावण)

दोहा॰
रावण बोला, पक्षि को, क्यों देता तू जान ।
उड़ जा अपने रासते, मेरा कहना मान ।। 734

(जटायु)

दोहा॰
वीर जटायु ने कहा, सत्य-धर्म की आन ।
नारी-रक्षा मैं करूँ, चाहे निकले प्राण ।। 735

नारी-रक्षा पुण्य है, जिसमें जात न पात ।
सबसे ऊँचा धर्म है, सबसे अच्छी बात ।। 736

<u>भवभूति महाकाव्य गीतमाला, पुष्प 33</u>

वसंततिलका छन्द

ऽ ऽ ।, ऽ । ।, । ऽ ।, । ऽ ।, ऽ ऽ

सा–नि़– सारे–रे सारे <u>ग</u>–, म<u>ग</u> रे–<u>ग</u> रे–सा–

(जटायु नीति)

देखी जटायु खग ने, रघु-दार रोती ।
लंकेश से लड़ रही, अति क्रुद्ध वो थी ।। 1
आया विमान-निकषा,[1] वह क्षुब्ध भारी ।
बोला, अरे! तज उसे, अबला है नारी ।। 2

---

[1] **निकषा** (सं) = (हिंदी) निकट, समीप ।

नारी दुखार्त करना, बहु पाप जाना ।
देगा तुझे करम ये, कटु पाप नाना ।। 3

(तब)

दोहा॰

लड़ते लड़ते खड्ग का, लगा जोर से वार ।
कटा पंख जटायु का, बही रक्त की धार ।। 737

विहंग अब उड़ ना सका, अधमूआ प्रभु-दास ।
गिरा भूमि पर धाँय से, गिनत आखिरी साँस ।। 738

आसमान से खग गिरा, लिये राम का नाम ।
हड्डी पसली चूर थी, फिर भी मुख में राम ।। 739

(सीता)

दोहा॰

सीता आर्त पुकारती, रो कर बारंबार ।
बोली, वीर जटायु को, तेरी जय जय कार ।।

८.

श्रीराम विलाप

शलोक

मारीचं छद्मिनं हत्वा रामः प्रत्यागतो यदा ।
सीता कुट्यां न कुत्रापि प्राङ्गणे न च सा वने ।।
सीते सीतेऽभणन्रामो मातो मातश्च लक्ष्मणः ।
अपृच्छत्पादपान्रामो दृष्टा केनापि मे प्रिया ।।

दोहा॰

जाल असुर ने है रचा, मेरे भाई! आज ।

उधर न जाने क्या बुरा, किया उन्हों ने काज ।। 740

शीघ्र वेग से रामजी, लाँघे फाटक द्वार ।
गये कुटी में दौड़ते, सीता! नाम पुकार ।। 741

(लक्ष्मण)

दोहा॰
माता! माता! लखन भी, उचारता घबड़ाय ।
कोना-कोना देखता, नैनन आँसू लाय ।। 742

(राम)

दोहा॰
सीता कुटिया में नहीं, कहीं नहीं आवाज ।
देखो नदिया तीर पर, गयी कहाँ है आज ।। 743

बगिया में बैठी छुपी, तुलसी माँ के पास ।
उपवन में जा कर छिपी, करने को उपहास ।। 744

श्वापद कोई खा गया, जिसे पेट में आग ।
मायावी ठग तो नहीं, गया उठा कर भाग ।। 745

लीला से शठ ने उसे, कीन्हा अंतर्धान ।
या फिर धोखा दे रहे, नैन हमारे म्लान ।। 746

भवभूति महाकाव्य गीतमाला, पुष्प 34

राग तिलक कामोद

(कित गई सीता)

स्थायी

कित गयी सीता प्राण पियारी,
ढूँढत ढूँढत अखियाँ हारी ।

अंतरा-1

बोलो लछमन मोरे भाई, कहाँ है तोरी भौजाई ।
श्वापद कोई उसको खाई, छुपी तो नहीं वो बैठी ।
या है असुर ने सीता उठाई,
कित गयी ... ।।

अंतरा–2

कमल कुसुम सम कोमल काया,
कहाँ गयी मोरी जाया ।
ठगी असुरों ने रच कर माया, कहाँ से संकट आया ।
खो गयी रे मोरी सीता प्यारी,
कित गयी ... ।।

अंतरा–3

सुंदरतर रमणी अभिरामा, अनूप शुभ रूप ललामा ।
कहाँ गयी है तू बिन–रामा, तज अपनी कुटिया धामा ।
खोजी हमने भूमि सारी,
कित गयी ... ।।

(फिर)

दोहा॰

इधर–उधर फिरने लगे, वन उपवन को छान ।
आहट सुनने के लिये, उतावले थे कान ।। 747

पशु–पक्षी तरु बेल से, लगे पूछने राम ।
किसने देखी है कहो, सिय मेरी अभिराम ।। 748

फल–फूलों से पूछने, जाते उनके पास ।
गयी कहाँ है जानकी, करके मुझे उदास ।। 749

नद–नालों से बोलते, करदो मेरा काज ।
जीवित भी है या नहीं, मेरी सीता आज ।। 750

धरती गगन विशाल से, पूछत हैं रघुनाथ ।
कहाँ गयी मेरी सिया, तज कर मेरा साथ ।। 751

 भवभूति महाकाव्य गीतमाला, पुष्प 35

(वैदेही अभिराम)

दोहा छन्द

स्थायी

चंद्र मुखी मनमोहिनी, वैदेही अभिराम ।
कमल लोचना जानकी, गयी कहाँ तज राम ।।

सा–सा सारे– गगम–गम, ध–ध–प– मपम–म
धधध नि–धप– ध–पध–, पम– पम– गरे सा–सा

अंतरा–1

शुभ वदना शुचि श्यामला, सीता मंगल नाम ।
चारु चरित प्रिय दर्शिनी, गयी कहाँ तज धाम ।।

रेरे गगम– मम प–मप–, ध–प– म–गग म–म
ध–ध निनिध पप ध–पध–, पम– पम– गरे सा–सा

अंतरा–2

तुझे पुकारूँ मैथिली, उत्तर दे इक बार ।
संग मेरे रहती सदा, गयी कहाँ इस बार ।।

अंतरा–3

मन को मेरे, हे प्रिये! देकर दारुण दाह ।
नीतिनिपुण अनुगामिनी, गयी आज किस राह ।।

अंतरा–4

पतिव्रता सहचारिणी, आयी तज अनुराग ।
पति परमेश्वर धारिणी, गयी कहाँ पति त्याग ।।

दोहा०

लछमन बोला, हे प्रभो! करो न इतना शोक ।

जो होना था सो हुआ, सके न हम वह रोक ।। 752

चलो विपिन में ढूँढते, चप्पा-चप्पा छान ।
नदियाँ कंदर गिरि सभी, देकर पूरण ध्यान ।। 753

उमँग नूतन ले चलें, करने सार्थक काम ।
सीता ढूँढन में लगें, हो जाएँ कृतकाम ।। 754

जग में ऐसी है कहाँ, अघट कहीं जो बात ।
किये परिश्रम घोर तो, सुकर सुघट ना, तात! ।। 755

तुम पुरुषोत्तम हो, प्रभो! तुमसे सब गति पात ।
बंद करो रोना अभी, चलो ढूँढने मात ।। 756

भवभूति महाकाव्य गीतमाला, पुष्प 36

पृथ्वी छन्द

। ऽ ।, । । ऽ, । ऽ ।, । । ऽ, । ऽ ऽ, । ऽ

मप- धपम ग-, गम- पमग रे-, सारे- मग रेसा-

(राघव विलाप)

सिया कुटिर में, नहीं अजिर में, कहाँ है गयी ।
छुपी चुहल[2] में, हरी असुर ने, तिरोभू भयी ।। 1

विलाप करते, दुखी नयन से, गिरे नीर थे ।
कहा लखन ने, चलो विपिन में, उन्हें ढूँढते ।। 2

(राम)

दोहा॰

---

[2] **कुटिर** = कुटिया, **अजिर** = आंगन, **चुहल** = ठिठोली, विनोद, परिहास, मजाक ।

पाकर स्फूर्ति लखन से, मन में धीरज धार ।
लगे सिया की खोज में, करके सोच विचार ।। 757

चप्पा-चप्पा छानने, लगे अनुज के साथ ।
गिरि कंदर सब देखते, पेड़ पात रघुनाथ ।। 758

भवभूति महाकाव्य गीतमाला, पुष्प 37

वसंततिलका-छन्दः ।

ऽ ऽ ।, ऽ । ।, । ऽ ।, । ऽ ।, ऽ ऽ

सा-नि़- सारे-रे सारेग- म गरे-ग रे-सा-

(जटायुविलापः)

रामं जटायुविहगः स उवाच दुःखी ।
यानेन भोः अपता दनुजेन देवी ।। 1
खड्गेन राम समितौ मम पक्ष्म छित्वा ।
मार्गेण दक्षिणदिशा च पलायितः सः ।। 2

ॐ श्लोकाः

दृष्टो पक्षी स रामेण जटायुः शोणशोणितः ।
आहतो मरणासन्नो मुखे यस्य, हरे हरे! ।।

पक्षछिन्नं खगं प्रेम्णा क्रोडयस्थापयद्धरिः ।
जटायुराह मां दैत्यः खड्गेन भृशमक्षिणोत् ।।

दुष्टः स वायुयानेन गतवान्दक्षिणां दिशाम् ।
विमाने वनिता तस्य क्रन्दन्नासीन्नु, "त्राहि माम्" ।।

दोहा॰

चलते-चलते आगये, राम-लखन उस स्थान ।
जहाँ जटायु था गिरा, होकर लहू लुहान ।। 759

कौन सखे! हो तुम कहो, पूछत खग को राम ।
रघुकुल का मैं दास हूँ, जटायु मेरा नाम ।। 760

पास बैठ कर राम ने, लिया गोद में शीश ।
जटायु को सहला रहे, किरपालु जगदीश ।। 761

राघव बोले, हे सखे! क्या है तुमरा नाम ।
कटे तिहारे पंख हैं, किसका है यह काम ।। 762

दोहा०

जटायु बोला, हे प्रभो! मैंने देखा चोर ।
वायुयान से है गया, दक्षिण दिश की ओर ।। 763

मैंने टोका चोर को, कह कर, स्त्री को छोड़ ।
उसने पर तलवार से, दीन्हा मेरा तोड़ ।। 764

बिना पंख उड़ ना सका, रक्त लिप्त मम काय ।
राम! राम! कहता हुआ, गिरा धरा पर, धाँय! ।। 765

(श्रद्धांजली)

दोहा०

लेटा राघव-गोद में, शिथिल पड़े सब अंग ।
खग-नैनन में नीर है, राघव आशिष संग ।। 766

नारी-रक्षा के लिये, खग ने रोका यान ।
काट दिये पर असुर ने, लेने उसके प्राण ।। 767

रावण आगे उड़ गया, पीछे पक्षी छोड़ ।
गिरा धरा पर धाँय से, पंख राम को जोड़ ।। 768

(लक्ष्मण)

दोहा०

लछमन बोला राम से, क्षात्र-धर्म का हीर ।
आज जगत में एक है, परम जटायु वीर ।। 769

इतना सुन कर विहग ने, छोड़े अपने प्राण ।
दाह–कर्म कर धर्म से, निकले लछमन राम ।। 770

 भवभूति महाकाव्य गीतमाला, पुष्प 38

(अमर वीर जटायु)

स्थायी दोहा, अंतरा चौपाई

स्थायी

चला जटायु स्वर्ग में, चढ़ आकाश तरंग ।
पड़ा राम की गोद में, रुधिर लिप्त सब अंग ।।

ग॒म– ममम– प–म प–, पप प–म–ग॒ रेम–म
पप– म–ग॒ रे– ग॒–म प–, पपप म–ग॒ रेग॒ रे–रे

अंतरा–1

राघव उसको गोद लिटाया,
उसे सराहा, गले लगाया ।
जटायु अपना शीश झुकाया,
और सिया का हाल बताया ।
अमर जटायु विहंग ।।

सा–सासा रेरेग॒– प–म रेग॒–म–,

पम– ग॒म–प–, ध॒प– मग॒–रे–

सासा–सा रेरेरे– ग॒–ग॒ रेसा–रे–,

ग॒–ग॒ रेग॒– म– प–म ग॒रेग॒रे–

पपप मग॒–म ग॒रे–रे

अंतरा–2

बोले राघव अवध बिहारी,
जटायु मेरा अति उपकारी ।
मेरे कारण तन है त्यागा,
कटा मगर ये वीर न भागा ।

धैर्य न कीन्हा भंग ।।

अंतरा–3

लड़ा जटायु वीर ये ऐसे,
क्षत्रिय मरता रण में जैसे ।
हाथ जोड़ लखन रघुराई,
दीन्हे उसको बहुत बधाई ।
श्रीधर उसके संग ।।

९.

शबरी, विभीषण, सुग्रीव

दोहा॰

राम लखन आगे चले, सीता ढूँढन काम ।
शबरी भिलनी से मिले, पंपापुर के धाम ।। 771

शबरी बोली राम को, दक्षिण जाओ, तात! ।
ऋष्यमूक गिरि पर मिले, तुमको रावण भ्रात ।। 772

पत्र विभीषण ने दिया, राम! तिहारे नाम ।
"जिनका बिगड़ा भाग्य है, शरण उन्हें हैं राम" ।। 773

पढ़ा पत्र जब राम ने, हुआ उन्हें विश्वास ।
विभीषण हमरा मित्र है, धर्म–नीति का दास ।। 774

अगला लंकापति बने, विभीषण हमरा मीत ।
सत्–असत् के युद्ध में, सदा सत्य की जीत ।। 775

ऋष्यमूक गिरि पर मिले, विभीषण से श्रीराम ।

सुग्रीव वानरराज भी, और वीर हनुमान ।। 776

भवभूति महाकाव्य गीतमाला, पुष्प 39

शबरी भीलनी

स्थायी

पंपा सर है महा सुख दाई,
नीर है नीला देत दिखाई ।
शीतल मंद पवन पुरबाई,
पश्चिम तीर चले रघुराई ।।

ग–म॑– पप प पम॑– गग म॑–प–,
ध–ध ध नि–नि– रें–सां निध–नि–
ध–धध नि–ध पम॑म॑ धपम॑–ग–,
रे–रेरे ग–ग गम॑– म॑धपम॑ग–

अंतरा–1

फूल कमल के झील में नीले,
जल लहरों पर डग मग डोले ।
भँवरे उन पर गूँजर बोले,
यहाँ सृष्टि हरषाऽऽईऽऽ ।।

नि़–रे गम॑म॑ म॑– ध–प म॑ ग–म॑–
धध धधनि– धध निसां निध प–म॑–
धपम॑– गग गग प–मग रे–रे–
सारे– ग–ग म॑धपम॑ – – ग – –

अंतरा–2

दूर किनारे शबरी की नीकी,
पर्ण कुटी दिखती भीलनी की ।
शबरी बेर है तोड़के लाई,
निश–दिन राम दुहाऽऽईऽ ।।

(कबंध)

दोहा०

आगे जब सब जा रहे, मिला कबंध निशेश ।
लक्ष्मी का सुत दैत्य वो, लाया था संदेश ।। 777

कबंध ने दी सूचना, तुम्हें मारने, राम! ।
माल्यवान ने है दिया, बाली को यह काम ।। 778

आगे उनको राह में, बाली दिखा कपीश ।
सुवर्ण भूषण से सजा, लाल देह का कीश ।। 779

देख राम को कीश ने, दिया युद्ध ललकार ।
एक बाण से राम ने, बाली डाला मार ।। 780

मरते–मरते कीश ने, कहा प्रेम के साथ ।
सुग्रीव अंगद वानरों, राम तिहारे नाथ ।। 781

राघव–रावण युद्ध में, तुम्हीं लड़ोगे वीर ।
लेकर कर में जो मिले, पत्थर पादप तीर ।। 782

 भवभूति महाकाव्य गीतमाला, पुष्प 40

शबरी–श्रीराम मिलन

थायी

आए श्री हरी, आज मेरे घर आए ।

रेग॒ म- ग॒रे-, म-ग॒ रेरे- ग॒रे सानि॒सा-

अंतरा–1

छोड़के घर, सखी! वन में पधारे,

लछिमन को संग लाए ।

प-पप पध॒, पध॒-! नि॒ध॒ प मम- म-
पमग॒रे रे- ग॒रे नि॒सा-

अंतरा–2

आकर कुटिया में, राम प्रभु ने,

मेरे भाग्य जगाए ।

अंतरा–3

बेर जो चख-चख, दीन्हे मैंने,

जूठे मेरे फल खाए ।

अंतरा–4

पंपा के वन रम्य बहुत हैं,

उनके मन को भाए ।

भवभूति महाकाव्य गीतमाला, पुष्प 41

शबरी की अमृत प्रीति

स्थायी

नाम हरि का डगरी डगरी, पंपा वन में शबरी ।

सा–सा सारे– रे– गगम– गमप–, नि–ध– पप म– गरेसा–

अंतरा–1

कर में धर चंगेरी नीकी,

दरसन प्यासी राघव जी की ।

लौटी जब कुटिया में शबरी,

राम आरहे उसे न खबरी ।।

मम प– धध नि–सांनिध– प–ध–

निनिनिनि ध–प– ध–पम ग– म–

सा–रे– गग ममप– म– गगरे–

सा–सा सा–रेरे– गप– म गरेसा–

अंतरा–2

देख श्रीराम को, हरसाई,

आशिष मंगल वह बरसाई ।

गिरी चरण में भीलनी शबरी,

आज उबारे उसे नरहरि ।।

अंतरा–3

चख कर बेर निजी मुख सेती,
मीठे राघव जी को देती ।
जूठे बेर खिलाई शबरी,
अमृत प्रीति जिनमें गहरी ।।

१०. वीर हनुमान

दोहा०

सुन कर, "बाली मर गया," माल्यवान को क्रोध ।
दूत राम के कर रहे, हैं सीता का शोध ।। 783

माल्यवान ने फिर सुनी, त्रिजटा की आवाज ।
लंका नगरी जल रही, असुर त्रस्त हैं आज ।। 784

डरे हुए हैं असुर सब, भाग रहे सब ओर ।
कोलाहल है मच गया, आया संकट घोर ।। 785

त्रिजटा रो कर कह रही, वानर का है काम ।
कहता, मैं हनुमान हूँ, जय जय जय श्रीराम ।। 786

उस वानर हनुमान ने, मारा अक्षकुमार ।
और वीर राक्षस कई, दिए आग में डार ।। 787

सीता से वह मिल चुका, और कर चुका बात ।
जली जारही आग में, लंका है दिन-रात ।। 788

इतनी भारी क्षति अगर, कर सकता कपि एक ।
सुग्रीव कपि के पास हैं, वानर लाख अनेक ।। 789

माल्यवान ने फिर कहा, ढाँरस को मत छोड़ ।
धर्मात्मा लंकेश है, लेगा वह यश जोड़ ।। 790

दैव अभी प्रतिकूल है, रावण का इस वक्त ।
चलो उसे संदेश दें, और करें अनुरक्त ।। 791

(मंदोदरी)

दोहा॰
रावण को मंदोदरी, बोल रही थी बात ।
सागर पर पुल बन चुका, करने यातायात ।। 792

रावण को विश्वास ना, हुआ तनिक इस बार ।
बोला, रानी! नीर पर, कैसे पुल हो पार? ।। 793

उसी समय सेनापति, प्रहस्त बोला बात ।
लंका चारों ओर से, घेर चुके कपि, तात! ।। 794

अब भी रावण को हुआ, तनिक नहीं विश्वास ।
तभी आगया कपि वहाँ, अंगद राघवदास ।। 795

(अंगद)

दोहा॰
अंगद बोला, हे प्रभो! लाया हूँ अनुरोध ।
तुम सीता को छोड़ दो, किए बगैर विरोध ।। 796

तुम अब जा कर राम की, करो शरण स्वीकार ।
वरना राघव आपको, यों डालेगा मार ।। 797

सुन कर अंगद का कहा, रावण पाया क्रोध ।
बोला, इसको बाँध कर, अभी सिखाओ बोध ।। 798

मगर न कोई धर सका, अंगद को सरदार ।
निकल गया कपि बाँकुरा, अंगद धक्का मार ।। 799

भवभूति महाकाव्य गीतमाला, पुष्प 42

राग भैरवी, कहरवा ताल

जै हनुमान

स्थायी

जै हनुमान जै जै, जय हनुमान, जै हनुमान महान ।

जै हनुमान सुजान, जै हनुमान तूफान ।।

सां– सांरेंसां– नि ध सांनि गंरेंसां– –सां

सां– सांरेंसांनिध पधपम– – – – –म

सां– सांरेंसांनिध पधपम– – – – –म

प– पधपमग रेगरेसा– – – – –सा

अंतरा–1

सागर लाँघन जै हनुमान, जानकी ढूंढन जै हनुमान ।

सेतु बंधन जै हनुमान, प्रणाम तुमको जय हनुमान ।।

पसांसां– सांरेंसांनि निसां रेंसांरें– –रें

रें–रेंगं रेंसांसांसां ध– निरेंरेंसां–सां

पसांसांसां सांरेंसांनि निसां रेंसांरें– –रें

रेंरें–गं रेंसांसां– ध– निरेंरेंसां– सां

अंतरा–2

लंक जरावन जै हनुमान,

लखन संजीवन जै हनुमान ।

असुर निकंदन जै हनुमान,

प्रणाम तुमको जय हनुमान ।।

अंतरा–3

अंजनी नंदन जै हनुमान,

सब दुख भंजन जै हनुमान ।

हे जग वन्दन श्री हनुमान,
प्रणाम तुमको जय हनुमान ।।

 भवभूति महाकाव्य गीतमाला, पुष्प 43

अमर हनुमान

स्थायी

अमर तेरा हनुमान, रे रामा!
परम तेरा हनुमान ।

ममम मप– मगरे–, सा रेगम–
पपप मग– रेगसा–सा

अंतरा–1

जा कर लंका, सिया खोज के,
लाया शुभ पैगाम ।
हो रामा! शिष्य तेरा है महान ।।

सा– सासा रे–ग–, पम– ग–रे ग–
म–म– पम गरेसा–
सा रेगम–! प–म गरे– ग रेसा–सा

अंतरा–2

ढूँढन सीता, सेतु बाँधा, मारी एक उड़ान ।
हो रामा! सेवक तेरा सुजान ।।

अंतरा–3

लखन जियायै, उड़ा हवा में, ले आया चट्टान ।
हो रामा! दास तेरा बलवान ।।

अंतरा–4

दसमुख सेना काट–छाँट के, जीत लिया संग्राम ।
हो रामा! जय जय जय हनुमान ।।

११. रावण वध

(रावण)

दोहा॰

रावण ने अब जाग कर, खोला लंका द्वार ।
युद्ध भयंकर छिड़ गया, और घोर संहार ।। 800

युद्ध देखने आगए, दैवत–देव महान ।
चित्ररथ गंधर्व सभी, और इंद्र भगवान ।। 801

रावण रथ–आरूढ था, उसका लख कर तेज ।
निजी युद्धरथ इंद्र ने, दिया राम को भेज ।। 802

रावण का रथ था घिरा, बंधु–सुतों से पूर्ण ।
इंद्रजीत बाईं तरफ, दाहिने कुम्भकर्ण ।। 803

(श्रीराम)

दोहा॰

सुग्रीव आगे राम के, अंगद पिछली ओर ।
दाईं कपिवर जामवत, विभीषण बाईं छोर ।। 804

मेघनाद से लड़ रहे, लक्ष्मण राघव–भ्रात ।
लक्ष्मण की रक्षा किए, हनूमान थे साथ ।। 805

कई पुत्र लंकेश के, पहुँच गए यमलोक ।
कुम्भकर्ण आहत हुआ, रावण को अति शोक ।। 806

(लक्ष्मण)

दोहा॰

लक्ष्मण ने शर का किया, मेघनाद पर वार ।
रावण ने उस पर किया, अमोघ अस्त्र प्रहार ।। 807

लक्ष्मण मूर्छित हो गए, और पड़े थे, धाँय! ।
राघव व्याकुल होगए, बोल पड़े फिर, हाय! ।। 808

(श्रीराम)

दोहा०

कुम्भकर्ण को मार कर, राघव आए पास ।
मूर्छित भ्राता देख कर, राघव हुए उदास ।। 809

मैं विपदा से हूँ घिरा, मत जा मुझको छोड़ ।
ऐसे मुष्किल काल में, तू मत दम को तोड़ ।। 810

तुझ बिन तेरे राम का, जीना है बेकार ।
कैसे सुख वह पायगा, बिना लखन का प्यार ।। 811

तुझ बिन मन ये टूटता, मत तज मेरा साथ ।
घुटता दुखता फूटता, व्याकुल है रघुनाथ ।। 812

दोहा०

मुझे नहीं ये चाहिये, विजय समर में आज ।
अनुज बिना मैं क्या करूँ, भव्य अवध का राज ।। 813

काज लगेंगे व्यर्थ ये, अगर न तेरा साथ ।
उस दरसन में अर्थ क्या, बिना-लखन, रघुनाथ ।। 814

सिया विरह का कल मुझे, जितना था दुख घोर ।
आज अनुज के यों पड़े, होता उससे और ।। 815

दोहा०

जग में मिलते हैं बड़े, सुखदायी दिन-रात ।
ढूँढो तो मिलता नहीं, तेरे जैसा भ्रात ।। 816

जग तज यदि तू जायगा, आऊँ तेरे साथ ।
जी ना पाऊँगा, सखे! तेरे बिना अनाथ ।। 817

सुख-दुख में तू संग था, बन कर मेरा अंग ।
बीच समर में तू नहीं, हुआ रंग में भंग ।। 818

(फिर बोले)

दोहा॰

मेरे लछमन को बचा, हे शंकर भगवान! ।
जीये मेरे साथ वो, उसको दो वरदान ।। 819

भवभूति महाकाव्य गीतमाला, पुष्प 44

(लखन भाई)

स्थायी

लखन भाई! तुम बिन मोहे सुख नाही ।

रेरेग रेसा-! सासा रेरे गरे- मग रे-सा- - ।

अंतरा-1

सिया बिरहा के दुःख बड़े हैं,
अंग अनुज! तव, शिथिल पड़े हैं ।
तुम बिन, नाही कछु जग माही ।।

रेग मगरे- सा- रे-रे गम- प-
ग-ग मपप! पप, धधप मप- ध-
सासा रेरे, गरे गग- मग रे-सा- -

अंतरा-2

नैन खोल अब लखन पियारे!
और न सह सके मोरा जिया रे! ।
मोहे छोड़, लखन! मत जाई ।।

अंतरा-3

पहले ही जो, दुख थे भारे,
भये हैं दुगुने, अनुज दुलारे! ।
व्यर्थ लगे अब, विजय भी, भाई! ।।

अंतरा–4

तुझ बिन घर सखे! कैसे मैं जाऊँ,
माता को क्या मुखड़ा दिखाऊँ ।
शिव शंकर जी! पाहि मोहे पाहि! ।।

(हनुमान)

दोहा॰

बूटी संजीवन लिए, आए जब हनुमान ।
बजी तालियाँ हर्ष से, मुदित हुए श्रीराम ।। 820

राघव बोले, क्यों कपे! लाया सकल पहाड़ ।
कपि बोला, मुझको सभी, लगे एक से झाड़ ।। 821

जान न पाया कौनसा, लूँ मैं पेड़ उखाड़ ।
आया लेकर शिखर मैं, करें वैद्य उपचार ।। 822

सूँघाया जब लखन को, संजीवन का पात ।
खोलीं आँखें लखन ने, करन लगा फिर बात ।। 823

बोला राघव को, चलो! करें असुर संहार ।
माता देखत राह हैं, लेकर कर में हार ।। 824

लछिमन जीवित देखके, सबमें आया जोश ।
जय जय सीता राम का, हुआ निरंतर घोष ।। 825

लछमन बोला, रामजी! करें न हम अब देर ।
रावण को रण पर, रघो! मारेंगे इस बेर ।। 826

राह तकत है जानकी, चलिये, मेरे भ्रात! ।
नये जोश से हम बढ़ें, तभी बनेगी बात ।। 827

(रावण और मेघनाद)

दोहा॰

रण पर अब रावण बचा, मेघनाद के साथ ।
मेघनाद ब्रह्मास्त्र से, मरा लखन के हाथ ।। 828

छोड़ा शर जब राम ने, नाभि किए निशान ।
बाण उदर में जा घुसा, लेने रावण प्राण ।। 829

रावण को मृत देख कर, सभी ओर आनंद ।
नभ से बरसे पुष्प थे, चारों ओर सुगंध ।। 830

(अलका देवी)

दोहा॰

अलका नगरी स्वर्ण की, जिसके पिता कुबेर ।
लंका दीदी को असुर, पूजत साँझ सबेर ।। 831

लंका देवी ने मगर, कीन्हा बहुत विलाप ।
स्वामी का मरना उसे, दीन्हा भीषण ताप ।। 832

लंका दीदी ने कहा, रावण कुल है नष्ट ।
लंका का अब अंत है, मुझे दिख रहा स्पष्ट ।। 833

कहने को विभिषण बचा, एक अकेल मर्द ।
मगर मिला वह शत्रु से, उसे न कोई दर्द ।। 834

अलका देवी ने कहा, दीदी! करो न खेद ।
स्त्रीयाँ सारी हैं बची, कौन जानता भेद ।। 835

विभीषण रावण–शत्रु थे, हमरे तो हितकार ।
राघव के वे भक्त थे, जो हैं दुःखनिवार ।। 836

लंका बोली, तो बहन! वे हैं यदि शुभकार ।
राघव ने फि क्यों भला, रावण दीन्हा मार? ।। 837

अलका देवी ने कहा, रावण निकला चोर ।

दार चुरा कर राम की, पाप किया था घोर ।। 838

और सुनो दीदी! कहूँ, कुबेर मेरे तात ।
विभीषण के अभिषेक में, होंगे मेरे साथ ।। 839

सम्मानित होंगे वहाँ, राघव श्री भगवान ।
दीदी! मैं श्रीराम को, दूँगी पुष्पक यान ।। 840

कुबेर राघव भक्त हैं, तुम्हें नहीं है ज्ञात ।
सुन कर लंका को हुआ, विस्मय का आघात ।। 841

(ब्रह्मा जी)

दोहा॰

उसी समय थे कर रहे, त्रिभुवन के जगनाथ ।
सीता को अभिवंदना, अभिनंदन के साथ ।। 842

सीता ने फिर दे दियी, सतीत्व की पहचान ।
अग्नि परीक्षा से दिया, पावित्र्य का प्रमाण ।। 843

(उत्सव)

दोहा॰

किया तभी श्रीराम ने, सीता का स्वीकार ।
विभीषण का अभिषेक भी, सह गौरव-सत्कार ।। 844

विभीषण को श्रीराम ने, किया सुवचन प्रदान ।
सारी अपत नारियाँ, लाओ सह सम्मान ।। 845

उनको दो भंडार से, धन भूषण सम्मान ।
पहुँचाओ उनको अभी, अपने-अपने धाम ।। 846

रावण लाया हरण कर, जहाँ-जहाँ से नार ।
ले जाओ उसको वहाँ, सह आदर सत्कार ।। 847

आज्ञा पर श्रीराम की, विभीषण कीन्हा काम ।
बंदी सारे मुक्त कर, पहुँचाए निज धाम ।। 848

हनुमत को श्रीराम ने, दिया शीघ्रतम काम ।
सूचित करने भरत को, "लौट रहे श्रीराम" ।। 849

वहाँ भरत पथ देखता, हमरा है दिन-रात ।
चौदह वर्ष अब हो रहे, कुछ दिन की है बात ।। 850

१२. पुष्पक विमान

श्लोक

इन्धनेन विना दिव्यं वायुना चलनं भवेत् ।
सुवाह्यं पुष्पतुल्यं यत्-यानं पुष्पकमुच्यते ।।

आकारस्तस्य तावद्धि यावत्तस्मिन्हि यात्रिणः ।
गच्छति च स्वयं स्फूर्तम्-आत्मैव चालकं विना ।।

अहर्निशं च सज्जं यत्-तन्त्रं गुह्यमयं तथा ।
पुष्पकं दैविनं यानं वहति हनुमान्निव ।।

दोहा॰

विभीषण! न्यारा यान ये, सखे! तिहारे पास ।
पुष्पक नाम विमान का, अद्भुत है इतिहास ।। 851

इसमें गुण हनुमान के, स्वामी-सेवक यान ।
हनुमत सी क्षमता इसे, हनुमत तरह उड़ान ।। 852

हनुमत स्वामी भक्त है, हनुमत है बलवान ।
द्रोण शैल लेकर उड़ा, जैसे पुष्पक यान ।। 853

पुष्पक यद्यपि आप ही, जावे आवे यान ।
चलो विभीषण! आप भी, तुम्हें हमारी आन ।। 854

तुम्हें मिलाऊँ मातु से, भरत भ्रात से, तात! ।
जनपद जन प्यारे बड़े, सेवा रत दिन-रात ।। 855

पहले किष्किंधा रुकें, तारा को लें साथ ।
चलना चाहे और जो, बोले श्री रघुनाथ ।। 856

सुंदर पुष्पक यान था, उड़ने को तैयार ।
ज्यों जन चढ़ते यान में, त्यों बढ़ता आकार ।। 857

उड़ा यान लेकर सभी, यात्री, सह श्री राम ।
उत्तर दिश में मुड़ गया, उड़ता तीर समान ।। 858

 भवभूति महाकाव्य गीतमाला, पुष्प 45

(पुष्पक विमान पर सियराम)

स्थायी

पुष्पक विमान पर सियराम,
संग में लछमन अरु हनुमान ।
धरती पर जन गाते गान,
जै जै सीता, जै जै राम ।।

♪ सा-सासा रेरे-रे गग रेगम-म,
प-म ग रेरेगग मग रेरेसा-सा
सासासा- गग रेसा रे-गम ग-ग,
प- म- गरेग-, म- गरे सा-सा

अंतरा-1

आसमान में यान वो भला,
पवन वेग से अवध को चला ।

नारद शंकर करत प्रणाम,
जै जै सीता, जै जै राम ।।

प-पप-प प- नि-ध प- मप-
धधध ध-ध प- धपम ग- मप-
म-मप म-गरे ममग रेसा-सा, प- म-
गरेग-, म- गरे सा-सा

अंतरा-2

नील गगन के चाँद सितारे,
हिरदय हारी नयनन प्यारे ।
चाँदनी में सागर अभिराम,
जै जै सीता, जै जय राम ।।

अंतरा-3

पूर्व क्षितिज पर जब रवि उभरा,
रंग गगन का हुआ सुनहरा ।
नदियाँ पर्वत विपिन ललाम,
जै जै सीता, जै जय राम ।।

अंतरा-4

लोग अवध के भगत हैं बड़े,
आतुर मन से राह में खड़े ।
हर लब पर हैं दो शुभ नाम,
जै जै सीता, जै जय राम ।।

दोहा०

राघव बोले, यान ये, चलता बादल चीर ।
कितना सुंदर दिख रहा, नीचे सागर नीर ।। 859

ऊपर नभ, नीचे धरा, कहीं न दिखता तीर ।
नील वर्ण आकाश से, नील समुंदर नीर ।। 860

बादल रूई से लगे, भूरे भाप पहाड़ ।

तरल हवा में तैरते, बिना किसी आधार ।। 861

सूर्य किरण से चमकती, लहर लहर पर धूप ।
जैसे सागर ने लिया, नभ मंडल का रूप ।। 862

(और)

दोहा॰

धरती के पादप लगें, हरी हरी कालीन ।
जन–गण कुछ दिखते नहीं, समतल लगे जमीन ।। 863

मुझे अचंभा है लगे, पर्वत टीले देख ।
नदियाँ देखो लग रहीं, जैसी पतली रेख ।। 864

भवभूति महाकाव्य गीतमाला, पुष्प 46

दादरा ताल

पुष्पक विमान की कथा

स्थायी

गीत शारद ने मंजुल है गाया,
साज नारद मुनि ने बजाया ।
रत्नाकर से है मंगल रचाया,
रामायण को है सुंदर सजाया ।।

म–ग म–म– म प–म– ग म–प–,
रे–ग म–म– मध– प– मग–म– ।
रेगम–म म– म ध–प– गम–प–,
रे–ग–म– म– म ध–प– मग–रे– ।।

अंतरा–1

बोला विभीषण, सुनो राम प्यारे!
यान से ही गमन हैं तिहारे ।

धरती के पथ को दूर छुड़ाया,
लेऽ जावेगा तुमको उड़ाया ।।

सांसां निनिरेंरें, सांध- नि-ध प-म-
सां-सां नि- रें- सांधध नि- धप-म-
म-ग म- मम म प-म- गम-प-
रेग म-म-म मधप- मग-रे-

अंतरा-2

इसमें पानी न ईंधन जलेगा,
वायु के ही सहारे चलेगा ।
पुष्प सा है जो हलका बनाया,
वायुयान ये पुष्पक कहाया ।।

अंतरा-3

जितने बैठेंगे इसमें प्रवासी,
रूप वैसा ये लेकर निकासी ।
स्थान का नाम जो भी बताया,
चला जावेगा ये बिन चलाया ।।

१३. भरत मिलाप

श्लोक

अयोध्यायां स्वागतं भव्यं भरतेन कृतं शुभम् ।
रामलक्ष्मणसीतानां कपिनां च हनूमतः ।।
आरात्रिकं च पूजां च कौशल्या सुखदाऽकरोत् ।
अगायन्सुस्वरैः सर्वे गानानि मुदिता जनाः ।।

दोहा०

राघव-सीता को लिये, आया पुष्पक यान ।
जनपद जन थे गा रहे, राघव के गुण गान ।। 865

भवभूति महाकाव्य गीतमाला, पुष्प 47

कुंडलिया छन्द

(भरत–मिलाप)

राम के गले से लगा, भ्राता भरत कुमार ।
छूकर पग सिय मातु के, बोला धन्य तुम्हार ।। 1
लछमन! धन्य तिहार, परम पर है तू भ्राता ।
ये सौभाग्य हमार, देता प्यार, तू ताता! ।। 2
माँ कौशल्या कहे, सीते! तू है अभिराम ।
हनुमत कर जोड़के, बोला जय जय सिय राम ।। 3

दोहा॰
ज्यों ही उतरा भूमि पर, आसमान से यान ।
सबने बोला जोर से, जय सीता! जय राम! ।। 866

साथ लखन के, यान से, उतरे सीता राम ।
हार गले में भरत ने, पहनाये अभिराम ।। 867

माता तीनों ने करी, पूजा गा कर गान ।
गाये जन सब साथ में, ऋषि–मुनि संत सुजान ।। 868

वर्षा फूलों की हुई, और हुआ जयकार ।
दीये नगरी में जले, लाखों लाख हजार ।। 869

(फिर)

दोहा॰
कौशल्या ने राम को, तिलक लगाया लाल ।
आलिंगन देकर उसे, चूमा उसका भाल ।। 870

राम–सिया अरु लखन की, करी आरती मात ।
देकर शुभ वरदान भी, धरे बाँह में गात ।। 871

मातु सुमित्रा ने उन्हें, दीन्हे आशिष ढेर ।
आँसू नैनन से गिरे, लीन्हा मुख को फेर ।। 872

कुशल क्षेम शत्रुघ्न ने, पूछा सब खुशहाल ।
लगाय उनके भाल पर, कुमकुम और गुलाल ।। 873

अवध जनों ने राम के, कीन्हे पूजन गान ।
राघव-सीता-लखन का, कीन्हा बहु सम्मान ।। 874

(और फिर)

दोहा॰

विभीषण, सुग्रीव, जामवत्, अंगद, नल, हनुमान ।
सुषेण, तारा, नील का, भरत किया बहु मान ।। 875

करता उन पर पुष्प की, वृष्टि सचिव सुमंत्र ।
वसिष्ठ ने स्वागत किया, बोल वेद के मंत्र ।। 876

भवभूति महाकाव्य गीतमाला, पुष्प 48

(राम घर आये)

स्थायी

आज, राघव वन से आयो,
सखी! घर-घर दीप जलाओ ।

सानि़, सा-सासा रेरे सानि़ सारे-
रेरे! गग गग म-ग रेसासा-

अंतरा-1

दशरथ नंदन, चरणन बंदन,
कमल नयन हरि आयो ।
सखी! मंजुल गीत सुनाओ ।।

सासासासा रे-रेरे, गगगग म-गरे

गगग गमम मग रेग–

सारे! ग–गग म–ग रेसासा–

अंतरा–2

जनक नंदिनी, अवध की रानी,

हर्ष की ज्योत जगायी ।

सखी! दर्शन करने आओ ।।

अंतरा–3

अंजनी नंदन, सब जग वन्दन,

हनुमत लीला दिखायो ।

सखी! अवध में आनंद छायो ।।

भवभूति महाकाव्य गीतमाला, पुष्प 11

दीपावली भजन

स्थायी

घर–घर दीप जलाओ सखी री,

आज दीवाली ।

घर–घर दीप जलाओ सखी री,

आज दीवाली ।

आतशबाज़ी चलाओ रे भैया,

आज दीवाली ।।

पप पप पनि ध पम–म मम प,

मग म–प–ध– – –

सांसां सांसां सां–सां निध–ध धध ध,

धम –मधनिरेंसांध–पम

प–पप पनिध पम–म म मप

मग म–प–ध–पम

अंतरा–1

लछमी पूजा करो रे भैया, लछमी पूजा करो रे भैया ।
मिर्दंग ढोल बजाओ, सखी री आज दीवाली ।।

-ग-ग- गमम- मध धप पमम-,
-सां-धनि सां-सांध -धनि रेंसां ध-पम
-पपपप पनिध पम-म,
मम प मग म-प-ध- - -

अंतरा-2

धन देवी की आरती मंगल,
कीर्तन गान सुनाओ, सखी री ।

अंतरा-3

आज घर आयो दशरथ नंदन,
अवध में आनंद छायो, सखी री ।

अंतरा-4

बाल बालिका वनिता सुंदर,
रंग रंगोली सजायो, सखी री ।

१४. राजतिलक

भवभूति महाकाव्य गीतमाला, पुष्प 49

शार्दूलविक्रीडित छन्द

ऽ ऽ ऽ, । । ऽ, । ऽ ।, । । ऽ, ऽ ऽ ।, ऽ ऽ ।, ऽ

सा-रे- ग-म गरे- गम-! पमग रे-, ग-प- म ग-म- गरे-

(रामराज्यारोहण)

राजा राम बना सखी! अवध का, रानी सिया है बनी ।
सोता है प्रभु रामचंद्र बल का, सीता है महायोगिनी ।। 1

लीला राघव की सदा अमर है, सीता जिसे संगिनी ।
ऐसे पुत्र सुता महा जनम दे, वो धन्य है मेदिनी ।। 2

श्लोक

अद्य रामोऽभवद्राजा सीता राज्ञी च सङ्गिनी ।
दशरथोऽभवद्धन्यः कौशल्या दैवशालिनी ।।

राजा यावनन्न भूतश्च नैव पुनर्भविष्यति ।
न कोऽपि क्षुधितो राज्ये नानिकेतो न निर्धनः ।।

न कोऽपि कामुको मूढो न क्रूरः कृपणस्तथा ।
अदानी निष्ठुरो दुष्टो विद्याहीनो न नास्तिकः ।।

न कोऽपि भक्तिहीनश्च न दीनो न च व्याकुलः ।
अधर्मी नानृतो राज्ये कोऽपि कुत्रापि वर्तते ।।

दोहा०रामचंद्र राजा बने, सीता रानी आज ।
जय जय नारे अवध में, बजे सुमंगल साज ।। 877

धन्य-धन्य दशरथ हुए, कौशल्या बड़भाग ।
राजा राघव सा नहीं, हुआ, न होगा बाद ।। 878

भूखा कोई ना जहाँ, ना ही प्यासा कोय ।
निर्धन बेघर भी नहीं, राज्य राम का होय ।। 879

कामुक मूढ़ न क्रूर हो, दुष्ट न मक्खीचूस ।
अनपढ़ नास्तिक ना जहाँ, कोई हो कंजूस ।। 880

भक्तिहीन कोई न हो, व्याकुल हो ना दीन ।
अनृत कोई नर न हो, अधर्म में जो लीन ।। 881

जनता के सुख के लिये, चलता है हर काज ।
न्याय नीति से जो चले, वही राम-का-राज ।। 882

दोहा०
कौशिक बोले, रामजी! करिये अब जय घोष ।

निकले यात्रा नगर में, हर्ष सहित, सह जोश ।। 883

सीता, रानी थी सजी, कोमल सुंदर नार ।
स्वर्ग भूमि की अप्सरा, रामचंद्र की दार ।। 884

शोभा यात्रा सज गयी, सैनिक हुए तयार ।
नृप राघव, रानी सिया, रथ पर हुए सवार ।। 885

पंच पुरोहित गा रहे, वेद मंत्र के पाठ ।
भरत बन गया सारथी, घोड़े रथ को आठ ।। 886

चँवर डुलावत राम पर, लखन शत्रुघन भ्रात ।
हनुमत बैठा चरण में, छत्र विभीषण हाथ ।। 887

शोभा यात्रा चल पड़ी, बहुत मोद के साथ ।
यात्री गण सब गा रहे, जय सीता रघुनाथ! ।। 888

आगे रथ था राम का, फिर परिवार तमाम ।
ऋषि–मुनि जन पैदल चले, पीछे जनता आम ।। 889

अवध नगर में शान से, चक्र लगा कर एक ।
आयी यात्रा महल में, शुरू हुआ अभिषेक ।। 890

हुई तयारी महल में, करने को अभिषेक ।
आये सज्जन अवध के, ऋषि–मुनि संत अनेक ।। 891

दोहा०सुवर्ण आसन पर सिया, बैठी राघव साथ ।
राजा रानी थे सजे, लिये हाथ में हाथ ।। 892

वसिष्ठ ने पूजन किये, वेद ऋचा के पाठ ।
गौतम जाबाली तथा, कात्यायन के साथ ।। 893

तिलक लगाये भाल पर, मौली बाँधी हाथ ।
सीता रानी अवध की, राजा श्री रघुनाथ ।। 894

भवभूति महाकाव्य गीतमाला, पुष्प 50

(राम का तिलक)

स्थायी

आज, राम को तिलक लगेगा,
सखी! आनंद आनंद होगा ।

सारे, म–ग रे ममम मनिधपमप–,
मम! नि–धप ध–पम पमगरेसा– ।

अंतरा–1

सीता हमरी रानी बनेगी,
सुंदर भूषण रंग सजेगी ।
आज, राम–का–राज बसेगा,
सखी! मंगल साज बजेगा ।।

सा–रे– गमग– प–म गरे–ग–
प–मग म–मम ध–प मग–म–
सासा, रे–रे रे ग–ग गम–म–
मम! नि–धप ध–पम पमगरेसा–

अंतरा–2

सबने शोभित वसन हैं डारे,
जन पद सत् जन आन पधारे ।
आज, ऋषि–मुनि मंत्र उचारे,
सखी! कीर्तन गान सजेगा ।।

अंतरा–3

सप्त नदी जल सिंचन होगा,
कोई न पुर में अकिंचन होगा ।
आज, स्वर्ग बिराजा होगा,
सखी! राघव राज करेगा ।।

भवभूति पर आधारित
दोहा छंद में संगीमय प्रस्तुति

३

रत्नाकरकृत
मालती-माधव

मालती-माधव पात्र परिचय

1. अंगिरा = अंगीरस, एक पौराणिक ऋषि
2. अघोरघंट = कपालकुण्डला के गुरु, खलनायक, गुरुघंटाल
3. अवलोकिता = भगवती कामंदकी की तीसरी शिष्या
4. उर्वशी = एक अप्सरा
5. कपालकुण्डला = एक पिशाची
6. कलहंस = माधव का सेवक
7. कामंदकी = भगवती, एक बुद्ध संन्यासिनी, मालती की सखी
8. देवरात = विदर्भराज के मंत्री तथा मित्र
9. नंदन = पद्मावतीराज के बूढ़े साले बाबू
10. पद्मावती राज = पद्मावती देश के राजा
11. बुद्धरक्षिता = मदयंतिका की सखी
12. भूरिवसु = पद्मावतीराज के मंत्री तथा मित्र
13. मकरंद = माधव का सखा
14. मदयंतिका = नंदन की भगिनी
15. मंदारिका = भगवती कामंदकी की दासी, कलहंस की प्रेमिका
16. माधव = मंत्री देवरात के पुत्र, नाटक के नायक
17. मालती = मंत्री भूरिवसु की कन्या, राजकुमारी, माधव की प्रेयसी, नाटक की नायिका
18. मौलसिरी = एक सुगंधित और सुरंगित पुष्प का नाम
19. लवंगिका = मालती की सखी
20. वासवदत्त = उज्जैन के राजकुमार
21. विदर्भ राज = विदर्भ देश के राजा
22. शकुन्तला = महर्षि विश्वामित्र की कन्या
23. सौदामिनी = भगवती कामंदकी की एक शिष्या

(भवभूति)

नाटक यह भवभूति का, शृंगार रस प्रधान ।
मधुर ध्वनि के छंद में, तुलनातीत विधान ।। 895

कल्पित है इसकी कथा, धार्मिक जहाँ समाज ।
प्रेम कहानी प्रौढ़ है, गहरा है अंदाज ।। 896

दस अंकों की नाटिका, अमर जहाँ है प्रेम ।
उदात्त कवि की कल्पना, योग तथा ही क्षेम ।। 897

भाषा की है प्रौढता, वाणी मधुर उदार ।
वचनों में गंभीरता, आदर्श हैं विचार ।। 898

जिनमें प्रेम विशुद्ध है, तारतम्य का भाव ।
रोमांचक वृत्तांत में, अश्लीलता अभाव ।। 899

कान्यकुब्ज दरबार में, कृतकृत्य समाज ।
कवितारत्न भवभूति थे, कवि थे वाक्पति राज ।। 900

(रत्नाकर)

रत्नाकर प्रस्तुत कवि, विदर्भ का है रत्न ।
सेवा भारत भूमि की, जिसका सतत प्रयत्न ।। 901

कृपा कृष्ण की दे रही, आत्मस्फूर्त संगीत ।
रत्नाकर है लिख रहा, छंदबद्ध ये गीत ।। 902

 भवभूति महाकाव्य गीतमाला, पुष्प 51
राग मालकंस, कहरवा ताल 8 मात्रा

राग : मालकंस

(रत्नाकर)

दोहा॰

सुर मधु तेरी वेणु का, जबसे सुना अनूप ।
आस दरस की है लगी, सपनन आ सुर भूप ।। 903

रेरे गम ग–गा प–म प–, पपनि– धप– निध–ध
म–म ममम म– प– मग–, रेरेरेरे ध– पग म–म

स्थायी

प्यार हुआ है मुझको सुर से ।

गमग सानिसा धनि सासाम– गग म–म

अंतरा–1

प्यार हुआ है मुझको जब से, मुरली मनोहर दामोदर से ।
ग्रीष्म गया है मेरे चित से, बसंत बरखा नित बरसे ।।

ग–म मध– नि– सांसांसां– गंनि सां–, निनिनि निनि–निध धनिसांनिधम म–
सां–सां सांगं– गं– सामंगंसां निनि सां–, सांमं–गं सांनिसां– धनि सांनिधमगसा–

अंतरा–2

रात न सूनीं कारी अँधेरी, तरसाये चिंता न घनेरी ।
प्रीत मेरी धनुधर से जिगरी, बंसीधर से, श्रीधर से ।।

अंतरा–3

मीरा राधा जस बलिहारी, पार्थ सुदामा की जस यारी ।
चाह मेरी यदुवर से गहरी, बनवारी से, गिरिधर से ।।

मालती-माधव

१.
सचिव भूरिवसु

दोहा॰
विदर्भ की है यह कथा, कवि का जो है देश ।
देवरात मंत्री हुए, जिनका प्रथम प्रवेश ।। 904

घनिष्ठ उनके मित्र थे, पद्मावती नरेश ।
प्रसिद्ध जिनके सचिव थे, भूरिवसु संन्निवेश ।। 905

तपस्विनी कामंदकी, जो है तृतीय पात्र ।
बुद्ध धर्म संन्यासिनी, विश्वास की सुपात्र ।। 906

तीनों बचपन मित्र थे, पढ़ते थे इक साथ ।
तीनों में अति स्नेह था, एकचित्त दिन-रात ।। 907

(देवरात और भूरिवसु)
दोहा॰
दोनों मंत्री मित्र थे, जिगरी यथा विशेष ।
त्यों ही रहना चाहते, आजीवन निःशेष ।। 908

अतः उन्हों ने प्रण किया, दृढ़ निश्चय के साथ ।
रिश्तेदारी आपसी, जोड़ें मिलाय हाथ ।। 909

जभी हमारा पुत्र हो, कन्या और तिहार ।
आपस में शादी रचें, वाजिब समय निहार ।। 910

गवाह थी कामंदकी, और उसी के संग ।
शिष्या थी सौदामिनी, करने सिद्ध प्रसंग ।। 911

(यथा समय, फिर)

दोहा॰

देवरात का सुत हुआ, कुछ वर्षों के बाद ।
सुता भूरिवसु की हुई, हुआ हर्ष का नाद ।। 912

माधव सुत का नाम था, देवरात का पुत्र ।
भूरिवसु की मालती, कन्यारत्न पवित्र ।। 913

प्रसन्न थी कामंदकी, देख फलित संसार ।
आशा उसको थी बड़ी, देख उमड़ता प्यार ।। 914

(मगर)

दोहा॰

जैसे-जैसे काल का, बढ़ा सामने चक्र ।
रंग बदलते देख कर, उसे होगई फिक्र ।। 915

दोनों बच्चों के पिता, रहे प्रतिज्ञा भूल ।
अपने आर्थिक लाभ में, निश-दिन हैं मशगूल ।। 916

(कारण)

दोहा॰

कारण इसका मुख्य था, पारिवारिक क्लेश ।
बाधा बन कर थे खड़े, पद्मावती नरेश ।। 917

महाराज थे चाहते, साले का हो काम ।
बूढ़ा गंदा आदमी, नंदन जिसका नाम ।। 918

बूढ़े नंदन के सदा, मन में थी दृढ़ चाह ।
मेरा होजाए कभी, मालती से विवाह ।। 919

नंदन के उन्माद से, महाराज संतुष्ट ।
सचिव विवश सहमत हुआ, इस कुचक्र में दुष्ट ।। 920

(फिर भी)

दोहा॰
वचन न भूला था कभी, सचिव भूरिवसु आप ।
फिर भी वह मजबूर था, करने को यह पाप ।। 921

भीतर से वह चाहता, मालती का विवाह ।
माधव से संपन्न हो, तभी बुझे मन दाह ।। 923

सौंप दिया उसने तभी, करने को यह काम ।
प्रसन्न थी कामंदकी, परम मित्र के नाम ।। 924

(कामंदकी)

दोहा॰
प्रिय उसको थी मालती, सुंदर चतुर सुजान ।
अतः काम में लग गया, पूर्ण लगा कर जान ।। 925

परम लाड़ली मालती, माधव को मिल जाय ।
यही तमन्ना फिर उसे, निश–दिन रोज सताय ।। 926

(योजना)

दोहा॰
बनाने लगी योजना, कामंदकी सुजान ।
साथ मिली अवलोकिता, मीठी जिसे जुबान ।। 927

शिष्या थी अवलोकिता, संन्यासिनी महान ।
सचिव भूरिवसु को सदा, उस पर था अभिमान ।। 928

खास बनी थी योजना, जिसके फिर अनुसार ।
बढ़े मालती के प्रति, माधव जी का प्यार ।। 929

(मदन महोत्सव)

दोहा॰

मदन महोत्सव के दिनों, करने को अभ्यास ।
मधव घर पर आगए, अपनी माँ के पास ।। 930

लाभ लिए इस बात का, कृतार्थ करने काम ।
मिलाय माधव-मालती, देना था अंजाम ।। 931

उत्सव के दौरान ही, माधव जी के नैन ।
नैन मालती से मिले, और हुए बेचैन ।। 932

सुंदर सुघटित मालती, आई उन्हें पसंद ।
आकर्षित वे हो गए, हास्य वदन पर मंद ।। 933

प्रेमाकुल थी मालती, देख फबीला वीर ।
उसके भी मुख हास्य था, नैन खुशी के नीर ।। 934

(माधव)

दोहा॰

टहलते हुए बाग में, दिखी उन्हें इक बेल ।
मौलसिरी के फूल की, सुरंग गंध फुलेल ।। 935

चुग कर प्यारे पुष्प वे, गूँथने लगे हार ।
सूत सुमन से मिल गया, हार बना मनहार ।। 936

(लवंगिका)

दोहा॰

उसी समय पर आगई, लवंगिका उस स्थान ।
घणी मालती की सखी, पड़ा हार पर ध्यान ।। 937

हार देख कर आगई, माधव जी के पास ।
बोली, माधवजी प्रभो! दिखता हार झकास ।। 938

जसे मालती के गले, सुंदरतम यह हार ।
पहनेगी वह प्रेम से, लेकर नाम तिहार ।। 939

(माधव-मालती)

दोहा॰

सुन कर मधुतर बोल वे, गल से हार निकाल ।
लवंगिका को दे दिया, माधव ने खुशहाल ।। 940

पाकर माला मालती, माधव से अभिराम ।
आनंदित थी सुंदरी, हार गले का थाम ।। 941

लौटाने अभार को, रख कर भाव पवित्र ।
बनाने लगी मालती, माधव जी का चित्र ।। 942

(लवंगिका)

दोहा॰

लेकर चित्र लवंगिका, पहुँची बौद्ध विहार ।
प्रसन्न थी मंदारिका, माधवचित्र निहार ।। 943

लवंगिका से चित्र वो, लेकर वह सानंद ।
मिली तुरत कलहंस से, जो था उसे पसंद ।। 944

उसका प्रिय कलहंस था, माधव जी का दास ।
किए बहाना चित्र का, गई पिया के पास ।। 945

(कलहंस)

दोहा॰

स्वामी की छवि देख कर, प्रसन्न था कलहंस ।
चित्र लिए सेवक गया, माधव जी के पास ।। 946

चित्र मालती का लखे, माधव के मन प्यार ।
प्रमुदित उसका चित्त था, फिर–फिर चित्र निहार ।। 947

(मकरंद)

दोहा॰

बैठा था उद्यान में, माधव करता बात ।
बाल सखा मकरंद से, पुलकित उसके गात ।। 948

बता रहा था मित्र को, पुनः पुरानी बात ।
दिखी उसे थी मालती मदन महोत्सव घात ।। 949

सुनकर माधव से खरा, प्रथम नजर में प्यार ।
आया मन मकरंद के, सुंदर एक विचार ।। 950

माधव से उसने कहा, जतलाने को प्यार ।
तुम भी चित्र निकाल कर, उसको दो उपहार ।। 951

माधव को अच्छा लगा, मकरंद का सुझाव ।
चित्र बनाने लग गया, जिसका उसे लगाव ।। 952

चित्रित करने मालती, माधव था बेचैन ।
चित्र बना जब प्रीत का, उसने पाई चैन ।। 953

उसी चित्रपट पर बना, चित्र दूसरी ओर ।
एक तरफ अब मालती, माधव दूजी ओर ।। 954

भवभूति महाकाव्य गीतमाला, पुष्प 52

राग खमाज, कहरवा ताल 8 मात्रा

(मालती–माधव)

स्थायी

माधव जी की प्रीत मालती ।

एक नजर में हुई दीवानी ।।

सांसांनिनि पध मग गमप ध-निसां-

सां-गं मंमगं निसां निसां- सांनिसांनिध

अंतरा-1

उत्सव प्यारा, मदन महोत्सव

माधव जी से मिली मालती ।।

गमधनि सांनिसां-, पनिसां सांसांनिसांनिध

सां-गंमं गं- निसां पनिसांरेंसां निसांनिध-

अंतरा-2

बाण मदन के, चले नैन से

लगे दय पर प्रेम निशानी ।।

अंतरा-3

उधर मालती, अदा दिखावत

इधर पिया का जिया लुभानी ।।

अंतरा-4

चित्र पिया का, करे प्रेमिका

छवि प्रिया की प्रेम कहानी ।।

(मंदारिका)

दोहा॰

चित्र दिया कलहंस को, माधव ने तत्काल ।
देने अपनी प्रीत को, जभी मिले खुशहाल ।। 955

तभी वहाँ पर आगई, मंदारिका अशांत ।
ढूँढ रही थी चित्र को, उसके मन में भ्राँत ।। 956

चित्र देख कर हाथ में, कलहंस के अवाक् ।
बिगड़ पड़ी मंदारिका, गुस्से में बेबाक ।। 957

बोली वह कलहंस को, कैसे तुम हो चोर! ।
चित्र तुम्हारे पास है, मैं ढूण्ढूँ सब ओर ।। 958

किसने तुमसे था कहा, लेने को यह चित्र ।
तुमरा यह लाना यहाँ, लगता हमें विचित्र ।। 959

दे दो वापस चित्र ये, वरन न होगा ठीक ।
हमको मालती ने दिया, माधव जी का नीक ।। 960

(फिर)

दोहा॰

जान लिया कलहंस ने, क्या है असली बात ।
किस–किस के ये चित्र हैं, उसे नहीं है ज्ञात ।। 961

लिए चित्रपट हाथ में, देखी जब तस्वीर ।
चकित हुई मंदारिका, प्रसन्न और अधीर ।। 962

उसी चित्रपट पर दिखा, दो चित्रों का ओर ।
एक तरफ थी मालती, माधव दूजी ओर ।। 963

लेकर फिर उस चित्र को, मन में धर विश्वास ।
चली गई मंदारिका, लवंगिका के पास ।। 964

लवंगिका उस वक्त थी, घर पर ही उस रात ।
साथ वहाँ थी मालती, बता रही थी बात ।। 965

चला गया माधव तभी, घर की ओर उदास ।
लौट गया मकरंद भी, उसका जहाँ निवास ।। 966

माधव ने सब जो हुआ, उस दिन उसके साथ ।
कमंदिका को खबर दी, किसी दास के हाथ ।। 967

माधव ने फिर जानने, मालतिया का हाल ।
भेज दिया अवलोकिता, शिष्या को तत्काल ।। 968

(मालती)

दोहा॰

आयी जब अवलोकिता, निहारने को हाल ।
लवंगिका से मालती, बातें करत निहाल ।। 969

करत रही थी मालती, माधव के गुण गान ।
उसके मन जो प्रेम था, उसका सत्य बखान ।। 970

लायी थी मंदारिका, माधवजी से चित्र ।
लवंगिका ने चित्र वो, दिया – लगा कर इत्र ।। 971

देख चित्र को मालती, हुई अतीव प्रसन्न ।
भविष्य को फिर सोच कर, पुनः होगई खिन्न ।। 972

माधव से ना हो सके, मेरा कदापि मेल ।
आशा निराश हो गयी, लगा खतम है खेल ।। 973

दुखी होगई मालती, फिर-फिर चित्र निहार ।
बोली, माधव जी! नहीं, संभव मिलन तिहार ।। 974

पिता हमारे चाहते, नंदन से हो ब्याह ।
समाज माने ना कभी, मेरी जो है चाह ।। 975

पितु की आज्ञा बिन करूँ, ऐसा यदि मैं काम ।
लगे कलंक चरित्र पर, कुल होगा बदनाम ।। 976

(भगवती कामंदकी)

दोहा॰

उसी समय करती वहाँ, कामंदकी प्रवेश ।
माधव जी से थी मिली, उसको खबर विशेष ।। 977

प्रसन्न थी कामंदकी, पुलकित उसके गात ।
आयी थी अवलोकिता, कामंदकी के साथ ।। 978

जभी मालती ने कही, अपने मन की बात ।
अवाक् थी कामंदकी, काँपे उसके गात ।। 979

बोली, सदा विवाह में, मुख्य बात है प्रेम ।
दुल्हा-दुल्हन में आपसी, चमके जो सम हेम ।। 980

सिद्ध अंगिरा कह गए, "मन-नैना अनुराग ।
जहाँ सधाए वर-वधू, परिणय वही सुहाग" ।। 981

मगर भूप के सामने, पिता हुए असहाय ।
नंदन जैसे वृद्ध को, देने कन्या, हाय! ।। 982

लवंगिका भी थी दुखी, देख मालती त्रस्त ।
बोली फिर कामंदकी, आस होगई अस्त ।। 983

(यद्यपि)

दोहा॰

यद्यपि हैं इतिहास में, ऐसे भी दृष्टांत ।
जहाँ वधू ने है चुना, निज इच्छा से कांत ।। 984

शकुन्तला ने दुश्यंत से, किया प्रेम विवाह ।
तथा उर्वशी ने किया, पुरुरव सेती ब्याह ।। 985

वासवदत्ता ने चुना, उदयन राजा नाथ ।
ऐसे होते लग्न हैं, साहस के ही साथ ।। 986

२.
भगवती कामंदकी

दोहा॰
इधर मालती थी दुखी, विषण्ण मन दिन-रात ।
माधव जी पर था उधर, बिरहा का आघात ।। 987

लगी हुई थी भगवती, काम करन चुपचाप ।
परिस्थिति विपरीत में, अविरत अपने-आप ।। 988

(योजना-1)

दोहा॰
यथा शास्त्र में है लिखा, शिव शक्ति का प्रभाव ।
पुष्प चढ़ा कर पूजना, देता मन की चाव ।। 989

अतः योजना यों बनी, शास्त्रों के अनुसार ।
संचालक कामंदकी, यथा योग्य आचार ।। 990

माधव जी उद्यान में, बैठे जाकर आप ।
मालती को लवंगिका, लायी करन मिलाप ।। 991

(योजना-2)

दोहा॰
साथ में बनी योजना, दूसरी लगे हाथ ।
विवाह की मकरंद के, मदयंतिका के साथ ।। 992

सहोदरी मदयंतिका, नंदन की अनुजात ।
बुद्धरक्षिता संगिनी, मान्य करत यह बात ।। 993

विषण्ण मन थी मालती, करती माधव याद ।

173

उसे रिझाने कर रही, लवंगिका थी बात ।। 993

निसर्ग का सच मायने, पशु-पक्षी गुण गान ।
वर्णन फूल-फलादि से, खेंच रही थी ध्यान ।। 994

मन बहलाने के लिए, हिला-हिला कर हाथ ।
माधव की बातें कहीं, सराहना के साथ ।। 995

माधव करते बहुत हैं, मालतिया से प्यार ।
जिसके बिन बेचैन हैं, तन-मन सहित अपार ।। 996

माधव था सब सुन रहा, लवंगिका की बात ।
लवंगिका फिर बोलती, रहे सदा यह ज्ञात ।। 997

दुखी मालती है बड़ी, दशा बहुत गंभीर ।
उसके पितु ने डाल दी, उसके पग जंजीर ।। 998

जी उसका लगता नहीं, किसी बात में ठीक ।
माधव की ही याद है, हिरदय के नजदीक ।। 999

(बुद्धरक्षिता)

दोहा॰

इसी समय पर आगई, बुद्धरक्षिता रोय ।
घबराई थी बहुत वो, "उसे" बचाओ कोय ।। 1000

पंजे में है शेर के, मदयंतिका हमार ।
शेर बहुत खूँखार है, कोई सकै न मार ।। 1001

उसे बचाने जो गया, खुद ही हुआ शिकार ।
कोई ऐसा वीर है, जो ना माने हार ।। 1002

बुद्धरक्षिता से सुना, जब दुखद समाचार ।
म्लान होगई मालती, मन उसके दुख-भार ।। 1003

हमरी प्रिय मदयंतिका, बचाइये सरकार!
सुन कर वह आराधना, माधव हुए तयार ।। 1004

(पराक्रम)

दोहा॰

साथ चला मकरंद भी, करने शेर शिकार ।
लिया धनुष मकरंद ने, माधव ने तलवार ।। 1005

सिद्ध होगए वीर वे, करने शस्त्र प्रहार ।
लपका उन पर शेर वो, घोर दहाड़ी मार ।। 1006

हुई लड़ाई शेर से, मचा भयानक शोर ।
चलाय शर मकरंद ने, किया शेर वो ढेर ।। 1007

घायल थे माधव हुए, आहत था मकरंद ।
मूर्छित दोनों गिर पड़े, शोर होगया बंद ।। 1008

दो वीरों का शौर्य वो, देख सभी को हर्ष ।
उनके सेवा भाव ने, किया दय को स्पर्श ।। 1009

फिदा हुई मदयंतिका, मकरंद पर अपार ।
माधव पर भी मालती, दय दे गयी वार ।। 1010

(परंतु)

दोहा॰

उसी समय पर आगया, दास लिए संदेस ।
महाराज हैं आरहे, पद्मावती नरेश ।। 1011

महाराज ने है कहा, नंदन जी के साथ ।
ब्याह करेगी मालती, पीले होंगे हाथ ।। 1012

सुन दीदी मदयंतिका! नंदन तुमरा भ्रात ।
नंदन की हो मालती, रहे तुम्हें यह ज्ञात ।। 1013

होगा उत्सव हर्ष का, करो प्रबंध ललाम ।
यहाँ स्वर्ग का स्पर्श हो, तभी बनेगा काम ।। 1014

(मालती)

सुन कर कटु ऐलान वो, चोट मालती खाय ।
माधव भी विमनस्क था, कछु भी समझ न पाय ।। 1015

असह्य जो थी वेदना, तीव्र होगई और ।
बोली, जी कर क्या करूँ, कहाँ मिले सुख ठौर ।। 1016

निर्दय हैं मेरे पिता, सीमा कर दी पार ।
प्रभु पर अब निर्भर सभी, वही करेगा तार ।। 1017

इतना कह कर मालती, चली गई शमशान ।
साथ गया मकरंद भी, करके तीरथ स्नान ।। 1018

३.
शिष्या कपालकुण्डला

दोहा०

माधव भी शमशान में, आगए बेकरार ।
जब थी संध्या हो रही, कर लेकर तलवार ।। 1019

पहुँची कपालकुण्डला, उसी वक्त शमशान ।
माधव जी को देख कर, हटा लिया निज ध्यान ।। 1020

शिष्या कपालकुण्डला, गुरु जिसके घंटाल ।
भक्त कराला मातु के, पूजत वे कंकाल ।। 1021

(गुरु अघोरघंट अथवा गुरु घंटाल)

दोहा॰

आश्रम गुरुघंटाल का, श्मशान के था पास ।
बलि चढ़वाने ढूँढते, कुमारिका वे खास ।। 1022

उन्हें दिखी जब मालती, शमशान में उदास ।
चढ़े मालती की बली, उनके मन में आस ।। 1023

आयी कपालकुण्डला, करने को अपहार ।
मालती पर बना दिया, आश्रम का अधिकार ।। 1024

सुंदर कया देख कर, प्रसन्न गुरु घंटाल ।
सुन्न खड़ी थी मालती, उलसित सब चंडाल ।। 1025

कन्या बलि के वेश में, बना चुके तैयार ।
पूर्ण हुई थी आरती, मंत्रित थी तलवार ।। 1026

(मालती)

दोहा॰

स्मरण करत है मालती, माधवजी का चित्र ।
हाय! हाय! करती हुई, माँ का नाम पवित्र ।। 1027

याद आत कामंदकी, जिससे उसको प्यार ।
प्यारी सखी लवंगिका, स्मृति में बारंबार ।। 1028

(माधव)

दोहा॰

हुई पूर्ण जब सिद्धता, आए गुरु घंटाल ।
खड्ग उठा कर मारने, कुमारियों के काल ।। 1029

बोली कपालकुण्डला, बेटी! करले याद ।
जो भी प्रियतम है तुझे, मिले न इसके बाद ।। 1030

तभी बीच में आगए, माधव जी तत्काल ।
रोका गुरु घंटाल को, खींचे उसके बाल ।। 1031

बोला, पीछे सब हटो, रखो न आगे पैर ।
वरना मेरे सामने, नहीं किसी की खैर ।। 1031

माधव जी के शौर्य पर, मालतिया को नाज ।
बोली, मुझ्को बचाइयो, इन दुष्टों से आज ।। 1032

(युद्ध)

दोहा॰

युद्ध हुआ गुरुघंट से, माधव का घमसान ।
खबर भूरिवसु को मिली, करने काम महान ।। 1033

अमात्य के फिर आदमी, आए सूचित स्थान ।
घेर लिया मठ सैन्य ने, और किया आह्वान ।। 1034

घबराया ना दुष्ट वो, ना ही मानी हार ।
अमात्य के सरदार ने, डाला उसको मार ।। 1035

छोड़ी कपालकुण्डला, कह कर स्त्री की जात ।
जिसका वध भी पाप है, यही सोच कर बात ।। 1036

(मालती)

दोहा॰

अब भी जिद पर थी अड़ी, भूरिवसु की चाह ।
नंदन से संपन्न हो, मालती का विवाह ।। 1037

पिता वचन सुन मालती, जली विरह की आग ।
बोली, मैं जग छोड़ दूँ, करके आतम त्याग ।। 1038

उससे तो मुझको वहाँ, पिशाच देता मार ।
नंदन से शादी किए, होगा बंटाढार ।। 1039

लवंगिका को फिर कहा, कर मुझ पर उपकार ।
सुन मेरी यह प्रार्थना, डाल मुझे तू मार ।। 1040

(योजना-3)

दोहा०

बनी नई फिर योजना, करने की दो ब्याह ।
पहले नंदन वृद्ध का, माधव बाद विवाह ।। 1041

वेश बदल मकरंद ने, लिया मालती रूप ।
आभूषण सुंदर सजे, असली लगा स्वरूप ।। 1042

लख कर नकली मालती, मंदन था अनुरक्त ।
विवाह उसने कर लिया, फर्जी से उस वक्त ।। 1043

आगे फिर जो हो गया, उस नंदन के साथ ।
हाल किया मकरंद ने, पूछो मत उस रात ।। 1044

४. मालती

दोहा०

नंदन का तो होगया, अब माधव की बात ।
उसे मिलेगी मालती, पिछवाडे उस रात ।। 1045

शादी का सामान सब, पिछवाडे चुपचाप ।
ले आयी अवलोकिता, यथा योजना नाप ।। 1046

उसी बीच में आगई, मालतिया के पास ।
पापी कपालकुण्डला, लगाय कपटी आस ।। 1047

उस पापन ने शीघ्र ही, चल कर जाली चाल ।

अपत करके मालती, भाग गई तत्काल ।। 1048

(सौदामिनी)

दोहा॰

ढूँढ रही कामंदकी, उसको चारों ओर ।
साथ चली सौदामिनी, उसकी शिष्या और ।। 1049

प्रियतर यह संन्यासिनी, श्री गिरि उसका धाम ।
शिष्या यह थी दूसरी, अवलोकिता सुनाम ।। 1050

कहाँ गयी है मालती, उसे खोजने काम ।
लगी रही सौदामिनी, अवलोकिता समान ।। 1051

गिरि कन्दर सब देखती, घूम रही वन घोर ।
मिली न उसको मालती, उस पर्वत की छोर ।। 1052

(और)

दोहा॰

माधव भी उस विपिन में, साथ सखा मकरंद ।
मिली उन्हें सौदामिनी, बहुत हुआ आनंद ।। 1053

माधव अति बेचैन थे, कहीं लगे ना चित्त ।
वृक्ष-लता से पूछते, देखी क्या मम मीत? ।। 1054

बादल बिजली जंतु से, फूल फलों से बात ।
किधर गई है मालती, वर्षा-आतप-वात ? ।। 1055

माधव भटके विपिन में, बस पागल की तौर ।
मूर्छा खाकर गिर पड़े, कर न सके कछु और ।। 1056

विषण्ण था मकरंद भी, मान गया वह हार ।
पाटलावती सरित में, मरने को तैयार ।। 1057

उन्हें देख सौदामिनी, आयी उनके पास ।
उसे पता है मालती, उन्हें दिया विश्वास ।। 1058

दुष्टा कपालकुण्डला, कीन्हा है यह काम ।
कैद करी है मालती, उसने अपने धाम ।। 1059

वन में उसको तब मिलीं, घूमती हुईं तीन ।
लवंगिका मदयंतिका, कामंदकी अधीन ।। 1060

तीनों रोती कलपतीं, मालतिया पर लीन ।
जीवित है वो या नहीं, कर ना सकीं यकीन ।। 1061

मरने को तैयार थीं, तीनों सखियाँ साथ ।
मधुमति नद में कूद कर, जल में आतमघात ।। 1062

नहीं रही है मालती, यही सोच कर बात ।
भूरिवसु करने जा रहे, जल कर आतमघात ।। 1063

(मालती)

दोहा॰

उसी समय सब ने सुनी, पुकार की आवाज ।
बुला रही थी मालती, परम पिता को आज ।। 1064

चौंक उठे उस क्षण सभी, जभी हुआ दीदार ।
चली आ रही मालती, माधव के आधार ।। 1065

टूट चुकी थी मालती, सह कर अत्याचार ।
मरी कपालकुण्डला, खा कर बेदम मार ।। 1066

(सफलता)

दोहा॰

पद्मावती नरेश ने, माधव जी के नाम ।
पत्र लिखा आदेश का, करने को दो काम ।। 1067

परिणत हो मदयंतिका, मकरंद के साथ ।
लग्न मालती का करो, माधव जी के साथ ।। 1068

सफल मनोरथ हो गए, सबके मन आनंद ।
पुष्प खिल उठे पद्म के, जीवन में सानंद ।। 1069

हुई प्रतिज्ञा पूर्ण थी, बाधाओं के बाद ।
दो अमात्य के बीच में, आयी सबको याद ।। 1070

बोली तब कामंदकी, माधव को, प्रिय तात! ।
बोलो अब क्या चाहिये, विवाह की सौगात? ।। 1071

(माधव)

दोहा०

माधव ने उत्तर दिया, जो उसके मन बात ।
पद्मावति का राज्य हो, रामराज्य दिन-रात ।। 1072

सब संत का मान हो, रहे समाज प्रसन्न ।
पापी जन का नाश हो, और न हो उत्पन्न ।। 1073

राजा धार्मिक न्याय्य हो, करे सदा उपकार ।
दीन-दुखी का तात हो, पावन हो सरकार ।। 1074

प्रजा सुखी हो, सधन हो, उपजे खूब अनाज ।
स्त्री का नित सम्मान हो, सद्भाव का समाज ।। 1075

संदर्भग्रंथ

1. महावीरचरितम्
आचार्य: श्रीरामचन्द्रमिश्र:
चौखंबा विद्याभवन, वाराणसी–1, 2016

2. उत्तररामचरितम्
आनंदस्वरूप:
मोतीलाल बनारसीदास, नई दिल्ली, 2014

3. मालतीमाधवम्
डा. गंगासागर राय,
चौखंबा विद्याभवन, वाराणसी–1, 2014

4. संस्कृत साहित्य सौरभ, खंड 1, 2
संपादक : विष्णु प्रभाकर,
सस्ता साहित्य मंडल प्रकाशन, दिल्ली, 2010

5. संगीत श्रीरामायण
डा. रत्नाकर नराले,
पुस्तक भारती प्रकाशन, टोरंटो, कनाडा, 2017

प्रो. रत्नाकर नराले, संक्षिप्त परिचय

नाम :   डॉ. रत्नाकर नराले

प्रो. हिन्दी, रायर्सन विश्वविद्यालय, टोरंटो कनाडा

51 वर्ष से कनाडा में हिंदी का प्रसार

शैक्षणिक :

एम. एस्-सी. पुणे विश्वविद्यालय,

पीएच.डी. (आई. आई टी. खड़गपुर),

पीएच.डी. कालीदास संस्कृत विश्वविद्यालय, नागपुर.

औद्योगिक :

प्रो. हिन्दी, रायर्सन विश्वविद्यालय , टोरंटो कनाडा

पूर्ववर्ती प्रो. हिन्दी, यार्क विश्वविद्यालय, टोरंटो कनाडा

पूर्ववर्ती प्रो. हिन्दी, टोरंटो विश्वविद्यालय, टोरंटो कनाडा

अध्यापक हिन्दी, टोरंटो स्कूलबोर्ड, टोरंटो, कनाडा

अध्यापक संस्कृत, टोरंटो स्कूलबोर्ड, टोरंटो, कनाडा

अध्यक्ष, संस्कृत हिन्दी रिसर्च इन्स्टिट्यूट, टोरंटो, कनाडा

अध्यक्ष, पुस्तक भारती, टोरंटो, कनाडा

प्रधानानार्य, हिंदु इन्स्टिट्यूट, टोरंटो, कनाडा 1995 से

प्रमुख संपादक, पुस्तक भारती रिसर्च जर्नल, त्रैमासिक, टोरंटो, कनाडा

मुख्य संपादक, साहित्य सौरभ त्रैमासिक, टोरंटो , कनाडा

मुख्य पुरस्कार:

"संगीताचार्य सम्मान" कनेडियन हिंदू मिशन, स्कारबरो (2020)

"विश्व हिंदी सम्मान" भारतीय विदेश मंत्रालय (मारीशस 2018)

"सरस्वती सम्मान" हिंदी राइटर्स गिल्ड, टोरंटो, कनाडा, 2018

"कला वारिधि सम्मान" अखिल विश्व हिंदी समिति, टोरंटो, 2018

"हिन्दू रत्न" पुरस्कार, कनाडा के 150-वी जयंती महोत्सव पर, 2017

"Artist of the Year Award" Panwar Music and Dance Produ. टोरंटो, कनाडा, 2016

"Author, Linguist and Accomplished Scholar Award" HIL, टोरंटो, कनाडा, 2010

रुची :   काव्य, प्रकाशन, संगीत, चित्रकला

भाषाएँ :

हिन्दी, संस्कृत, मराठी, बंगाली, पंजाबी, तमिल, उर्दू, अंग्रेज़ी, फ्रेंच